POLIMORFISMO EM JAVA

POLIMORFISMO EM JAVA

Métodos e algoritmos polimórficos aplicados a jogos de computador

Primeira edição 2018

Autor: Carlos Alberto Privitera

Nivel avançado

Informações do livro:
- Título: Polimorfismo em Java
- Edição: 1ª edição de 2018
- Autor: Carlos Alberto Privitera
- ISBN-13: 978-1725952508
- ISBN-10: 1725952505
- Data da primeira edição: primavera de 2018

Sobre o autor:

Carlos Alberto Privitera é especialista em Java SE e tem se dedicado à construção de sistemas computacionais com Java SE desde 2000. Ele tem uma vasta experiência no ensino da linguagem Java. Ele se especializou na criação de conteúdo para ministrar cursos na linguagem Java SE.

Tem os títulos de:
- "Técnico Analista de Sistemas de información" concedido pelo "Instituto Superior de Informática 9-012"
- "Licenciado en Educación" concedido pela "Universidad Nacional de Quilmes"
- "Profesor en Ciencias de la Computación" concedido pela "Universidad de Mendoza"
- "Magister en Ingeniería del Software" concedido pelo "Instituto Técnico de Buenos Aires".

Direitos reservados:

Direitos de terceiros:

Material adicional na Web
- https://libropolimorfismoenjava.blogspot.com/
- https://github.com/carlosprivitera

Entre em contato com o autor do livro:
- carlosprivitera@yahoo.com.ar

Prefácio

Este livro se destaca por ensinar programação baseada em polimorfismo. Exemplos abundantes em código Java e gráficos ilustrativos das principais idéias relacionadas ao tema: Polimorfismo em Java.

O livro "Polimorfismo em Java" visa dar uma visão moderna e atualizada ao aprender Java e no assunto específico de algoritmos polimórficos. Alunos, professores e desenvolvedores poderão encontrar uma sequência de padrões de projeto que criam e usam algoritmos polimórficos, esses padrões de design podem ser aplicados para resolver problemas de sistemas de computadores e da vida cotidiana.

Um profissional na linguagem Java pode se beneficiar do livro "Polimorfismo em Java", encontrando uma maneira inovadora de resolver problemas com algoritmos polimórficos. Os padrões de projeto, analisados neste trabalho, são baseados na herança entre classes. Atualmente as dificuldades da linguagem Java foram superadas em grande parte e é fácil de entender e aplicar.

O livro visa ensinar conceitos fundamentais de programação orientada a objetos com o Java SE, de forma clara e prática, reduzindo significativamente a curva de aprendizado. No processo, você aprenderá a programar computadores e usar a linguagem Java SE.

Objetivos:
- O presente trabalho visa que os leitores adquiram um forte conhecimento em programação de computadores com a linguagem Java SE.
- Faça o leitor adquirir habilidades práticas usando conceitos avançados do Java SE.
- Faça o leitor escrever programas de computador baseados em programação orientada a objetos com a linguagem Java SE.

Destinatários

O livro é destinado a quem quer aprender a programar computadores com Java SE, também o livro é muito útil para pessoas que querem ensinar a linguagem Java. Os profissionais encontrarão um trabalho moderno e atualizado, que merece ser estudado e colocado em prática. Nível do livro: é de nível avançado. Requer conhecimento dos detalhes básicos da linguagem Java SE.

Nível do livro: é de nível avançado. Requer conhecimento dos detalhes básicos da linguagem Java SE.

O conteúdo do livro é aplicável a todos os sistemas operacionais.

Como continuar depois de aprender o conteúdo deste livro?

O aprendizado da programação de computadores com a linguagem Java SE é a porta de entrada para o aprendizado de conteúdos avançados relacionados a empresas e ambientes corporativos, é aconselhável, após aprender o conteúdo deste livro, começar a aprender Java EE, Java Web ou Java para telefones celulares, se o leitor desejar.

Índice de títulos e legendas

Conteúdo

Capítulo I

Introdução

Na construção de um produto de software, são definidas diferentes estruturas que determinam a arquitetura do software que será construído. As estruturas básicas em Java são as classes e os relacionamentos entre as classes. Muitas vezes, uma estrutura forma um padrão recorrente na construção de um produto de software.

Um programador atento à identificação de estruturas e padrões pode definir uma arquitetura apropriada para resolver problemas ou construir software. Uma arquitetura adequada é tão importante quanto o processo de desenvolvimento em engenharia de software.

Proposta para uma arquitetura básica

Uma estrutura de camadas pode determinar uma arquitetura apropriada para definir funções específicas que são colocadas como estratos, cada camada pode ser substituída por uma nova camada sem afetar as outras. Uma interface de comunicação precisa e única deve ser definida entre as camadas.

Camada 1 - Camada de aplicação ou camada de visualização ou produto de software: A camada do produto de software é a camada que o usuário vê ou deve usar, a camada de aplicativo fornece as funcionalidades que o usuário solicitou ou deseja. A camada de aplicação é uma implementação concreta do padrão de design. A camada de aplicação tradicionalmente usa algoritmos estruturados, mas desta vez os algoritmos polimórficos serão adicionados.

Camada 2 - Use o padrão: A camada 2 deve criar objetos do tipo padrão, alguns são objetos criados no tempo de execução e outros são criados no tempo de design do aplicativo. Objetos são considerados artefatos que executam funções diferentes, um artefato pode invocar comportamentos diferentes para o padrão de design. Os diferentes artefatos acessam uma interface de método. Com acesso à interface de métodos, podem ser escritos algoritmos polimórficos que fornecem funções à camada de aplicação.

Camada 3 – Polimorfismo: A camada 3 é a camada em que os métodos polimórficos e os algoritmos polimórficos são escritos. A camada 4 separa a implementação dos algoritmos polimórficos da implementação da solução do problema, os algoritmos polimórficos expressam modos diferentes de usar uma solução de um problema.

Camada 4 - Estrutura padrão: A camada 4 é o padrão de projeto que implementa a estratégia que resolve o problema que foi levantado, o padrão de design contém os algoritmos especializados e tradicionais. Diferentes padrões podem ser implementados dependendo do problema a ser resolvido. Um padrão tem a propriedade de suportar a solução de muitos problemas. Um grupo de problemas pode ser resolvido por um único padrão. Um padrão muito simples e útil é o padrão que possui uma superclasse genérica e muitas subclasses especializadas em um algoritmo. Java é uma linguagem que permite a criação de estruturas de classes hierárquicas, as classes são relacionadas através de herança.

Padrão de design baseado em herança

A imagem a seguir mostra um padrão de classes relacionadas por meio de herança.

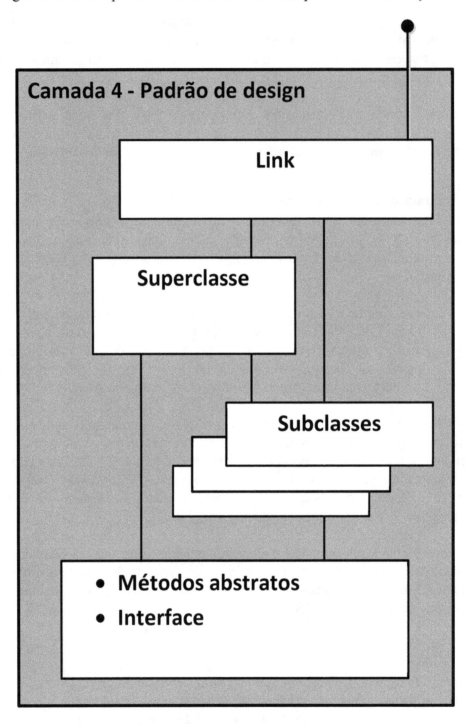

A imagem mostra uma representação genérica de um padrão de design baseado na herança entre as classes. Certas restrições configuram diferentes padrões de design mais adequados para serem implementados em Java.

Arquitetura em camadas para usar um padrão de design

A imagem a seguir mostra uma arquitetura feita por camadas. Cada camada tem uma certa função para implementar, usar e mostrar a solução de um problema.

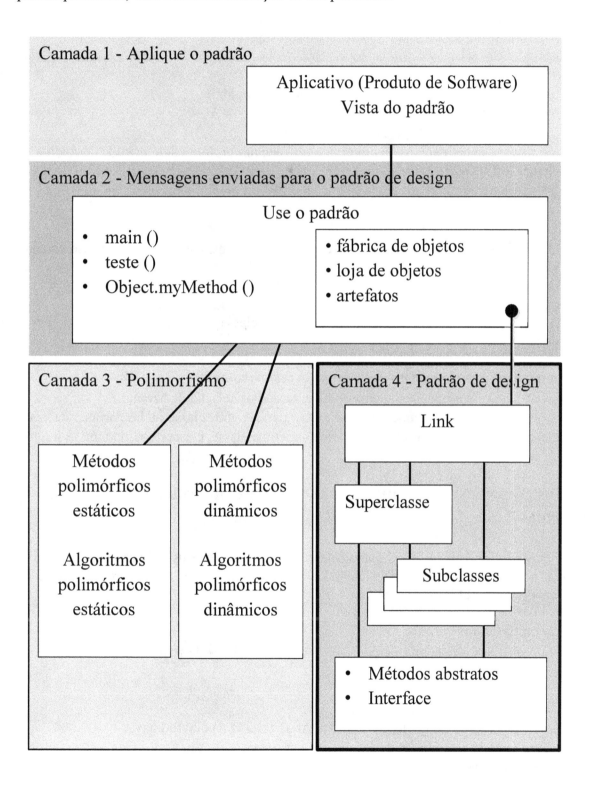

Descrição do padrão de design baseado na herança

Um padrão de design baseado em herança possui as seguintes partes:
- Uma superclasse genérica
- Várias subclasses especializadas
- Algoritmos implementados em subclasses ou superclasses
- Relação de herança entre a superclasse e as subclasses usando a palavra-chave Java: `extends`
- Interface: métodos públicos de acesso a dados privados
- Interface: de métodos abstratos
- Interface: declaração de protótipos de métodos
- Relação de implementação da interface que declara protótipos de métodos usando a palavra-chave Java: `implements`
- Relacionamento de criação de objetos entre classes usando a palavra-chave Java: `new`

Tipos de relações entre classes
1. O relacionamento de extensão liga duas classes do mesmo tipo; uma classe estende outra classe.
2. O relacionamento de implementação adiciona partes a uma classe, uma classe é adicionada a outra classe a ser implementada como um componente da classe.
3. A relação de criação de objeto indica que uma classe possui uma referência de objeto para uma instância de objeto.

Java tem uma palavra-chave para declarar cada relacionamento
1. `extends`: relação de tipos iguais ou de extensão ou relação de herança
2. `implements`: relacionamento de adicionar partes a uma classe ou herdar uma interface
3. `new`: relação de compor ou usar objetos para uma classe, classes possuem ou usam instâncias de objetos

Critérios para construir grupos de configurações de padrões de arquiteturas por camadas

As configurações podem ser divididas em três grupos, o critério usado para montar os diferentes grupos de configurações é a declaração de métodos abstratos e a implementação de métodos abstratos por superclasses ou subclasses.

O que são métodos abstratos?
Um método abstrato não possui corpo, { }. O método não pode implementar o código, pois não possui corpo para gravar o código Java.

O que são classes abstratas?
Uma classe é abstrata se for declarada como abstrata usando a palavra-chave: `abstract`, ou se pelo menos um método abstrato for declarado em seu corpo, { }. Você não pode instanciar objetos de uma classe abstrata.

O que é uma interface?

A interface é uma classe totalmente abstrata, não possui código Java em seu corpo. A interface declara protótipos de métodos abstratos que serão herdados por outras classes. Classes que herdam uma interface devem substituir os métodos abstratos e implementar o código ausente.

Existem duas maneiras de declarar métodos abstratos:

1. Declarar métodos usando a palavra-chave `abstract`
2. Declarar protótipos de métodos abstratos em uma interface

Como sobrescrever métodos abstratos?

Existe uma maneira de implementar o código ausente de métodos abstratos:

1. Sobrescreva os métodos abstratos usando a tag: `@Override`

Critérios para montar as diferentes configurações de um padrão de design

O nome de cada configuração dependerá da criação de referências a objetos e da criação de objetos.

O que é uma referência em Java?

Esta linha de código é uma declaração de uma referência a um objeto: `Rectangulo rectangulo = null;`

O que é um objeto em Java?

Esta linha de código é uma declaração para criar uma instância de um objeto, dada uma referência: `rectangulo = new Rectangulo(3, 4);`

Os programadores geralmente vinculam a declaração da referência e a criação do objeto em uma linha de código. A seguinte linha de código é uma declaração de uma referência a um objeto e a criação de uma instância de objeto: `Rectangulo rectangulo = new Rectangulo(3, 4);`

Estrutura do livro

Representação gráfica dos grupos de configurações de um padrão de design

Padrão de design		
classes abstratas		**Interface**
Grupo 1	**Grupo 2**	**Grupo 3**
Configurações	**Configurações**	**Configurações**
Variantes	**Variantes**	**Variantes**
Polimorfismo	**Polimorfismo**	**Polimorfismo mutável**

Definição de restrições para montar um padrão de design

As restrições são baseadas na possibilidade ou impossibilidade de declarar:
2. Referências a objetos
3. Instâncias de objetos.

Propriedades do grupo

	Crie referências	Crie objetos
Superclasse		
Subclasse		
Interface		

Grupo número um de configurações

No grupo número um, existem configurações onde a superclasse é declarada abstrata, dentro deste grupo existem duas configurações. A configuração número um declara a referência do objeto usando o nome da superclasse e a criação dos objetos usando os construtores das subclasses. A segunda configuração cria a referência de objetos e objetos usando as subclasses.

Este grupo tem a característica fundamental que impede criar um objeto usando o construtor da superclasse. Ao declarar a superclasse como abstrata, não é possível em Java criar um objeto de uma classe abstrata. Nesse grupo, todos os objetos que podem ser criados devem ser criados usando os construtores das subclasses.

Propriedades do grupo

	Crie referências	**Crie objetos**
Superclasse (abstrata)	Sim	Não permitido
Subclasse	Sim	Sim

No grupo um, existem duas configurações muito interessantes que formam uma arquitetura adequada para usar o padrão de herança entre as classes.

Cada configuração do grupo inclui uma restrição adicional que obriga a fazer um uso correto do padrão de design.

Estrutura do padrão de design

O padrão de design é baseado em uma superclasse e muitas subclasses e diferentes combinações que implementam a interface dos métodos abstratos.

O padrão de design deve declarar uma interface de métodos públicos que podem ser chamados pelas classes que desejam acessar o padrão. O padrão de design é um provedor de comportamentos.

O padrão de design deve ser encapsulado em um pacote e permitir ou restringir uma das quatro funções a seguir, dependendo do problema que você deseja resolver.

1. Declarar referências das subclasses ou da superclasse
2. Declare objetos das subclasses ou da superclasse
3. Herdar subclasses ou superclasses por motivos de extensão
4. Sobrescrever os métodos públicos do padrão de design por motivos de implementação

Este livro vai fazer um estudo detalhado das duas primeiras funções: 1) declarar referências subclasse ou superclasse, 2) declarar objetos de subclasses ou superclasse.

As possibilidades de extensão e mudanças no padrão de design serão deixadas de fora do estudo, neste livro. Um estudo detalhado será feito sobre o uso do padrão de design por outras classes. As classes que usarão o padrão de design são chamadas de "clientes".

Classes que são clientes do padrão de design podem implementar métodos e algoritmos polimórficos.

Configuração 1.1 - Crie a referência do objeto usando a superclasse e a criação dos objetos usando as subclasses.

Código Java para criar a configuração 1.1

Variante 1 - uma referência e um objeto na memória
```
SuperClase objeto = null;  //crear una referencia única
objeto = new SubClase01(); //apuntar la referencia a un nuevo objeto
...
objeto = new SubClase02(); //apuntar la referencia a un nuevo objeto
...
objeto = new SubClase03(); //apuntar la referencia a un nuevo objeto
...
objeto = new SubClaseN(); //apuntar la referencia a un nuevo objeto
```

Variante 2 - muitas referências e um objeto por referência
```
SuperClase objeto1 = null;  //crear una referencia única
objeto1 = new SubClase01(); //apuntar la referencia a un nuevo objeto
...
SuperClase objeto2 = null;  //crear una referencia única
objeto2 = new SubClase02(); //apuntar la referencia a un nuevo objeto
...
SuperClase objeto3 = null;  //crear una referencia única
objeto3 = new SubClase03(); //apuntar la referencia a un nuevo objeto
...
SuperClase objetoN = null;  //crear una referencia única
objetoN = new SubClaseN(); //apuntar la referencia a un nuevo objeto
```

Na configuração 1.1 uma nova restrição é adicionada, na nova restrição não é aconselhável criar referências das subclasses. Nesta configuração existem duas restrições: não é possível criar objetos da superclasse e não é recomendado criar referências das subclasses.

Propriedades da configuração 1.1

	Crie referências	Crie objetos
Superclasse (abstrata)	Sim	Não permitido
Subclasse	X (restrição)	Sim

Utilitário de configuração 1.1
É uma configuração adequada para quando há um grande número de objetos especializados, cada objeto tem a necessidade de implementar um algoritmo particular ou único.

Esta configuração tem duas variantes:
1. Uma referência e um objeto na memória (consome pouca memória). O coletor de lixo tem muito trabalho coletando instâncias antigas de objetos não referenciados.
2. Muitas referências e um objeto para cada referência (consome mais memória). O coletor de lixo tem pouco trabalho.

Se houver uma referência, pode haver um objeto especializado na memória. A única referência funciona como um ponteiro que passa pelos objetos um por um. Para acessar um novo objeto você tem que destruir o objeto atual e construir um novo objeto.

Se você tem uma referência de objeto que aponta dinamicamente para objetos diferentes, pode acontecer que o uso da memória seja reduzido, mas o trabalho do coletor de lixo Java é muito árduo; Por outro lado, quando muitas referências a objetos são criadas, é mais provável que o uso de memória aumente e o trabalho do coletor de lixo diminua.

A atribuição dinâmica de novos objetos a uma única referência faz com que os objetos não referenciados na memória sejam limpos pelo coletor de lixo Java.

Se o problema a ser resolvido precisar criar referências às subclasses, seria apropriado usar a configuração 1.2 ou outra configuração de outro grupo.

A atribuição dinâmica da referência a um novo objeto permite a aplicação do mecanismo de polimorfismo dinâmico, usando a referência única, mensagens únicas podem ser enviadas para diferentes objetos especializados.

Para aplicar ou usar o mecanismo do polimorfismo dinâmico, é necessário enviar mensagens para os objetos através da interface de métodos. Cada objeto deve implementar a mesma interface de métodos.

As mensagens são enviadas para os métodos implementados nos objetos, se todos os objetos implementarem a mesma interface de métodos, é possível enviar a mesma mensagem para cada objeto. Cada objeto implementará um algoritmo diferente e se comportará de maneira diferente, mesmo que a mensagem enviada seja a mesma.

Os programadores, são muito criativos, escrevem algoritmos baseados em objetos que enviam mensagens. Algoritmos baseados no envio de mensagens são chamados de algoritmos polimórficos. Não confunda algoritmos polimórficos baseados em mensagens com algoritmos especializados que são implementados nos objetos que recebem as mensagens. Algoritmos polimórficos são programados em clientes que usam o padrão de herança de classes; os algoritmos especializados são programados nas subclasses ou superclasses do padrão.

- Algoritmos polimórficos enviam mensagens (clientes)
- Algoritmos especializados recebem mensagens. (provedores)

Objetos que recebem mensagens de outro objeto implementam algoritmos comportamentais e algoritmos que enviam mensagens para outro objeto são chamados de algoritmos polimórficos.

Do ponto de vista das classes, podemos dizer que existem classes, clientes, que enviam mensagens e classes, servidores ou fornecedores, que respondem às mensagens. As classes clientes implementam algoritmos polimórficos e as classes de fornecimento implementam algoritmos comportamentais ou especializados.

As classes Java possuem três mecanismos para implementar interfaces de métodos de acesso a dados ou algoritmos que implementam.
1. Herdar uma interface: a palavra-chave Java "`implementa`" é usada.
2. Declare métodos abstratos: a palavra-chave Java "`abstract`" é usada.
3. Declarar métodos públicos de acesso a dados privados ou encapsulados.

Organização de aplicativos em camadas

Esquema que mostra a relação entre: os algoritmos que são polimórficos e os algoritmos que possuem um comportamento especializado.

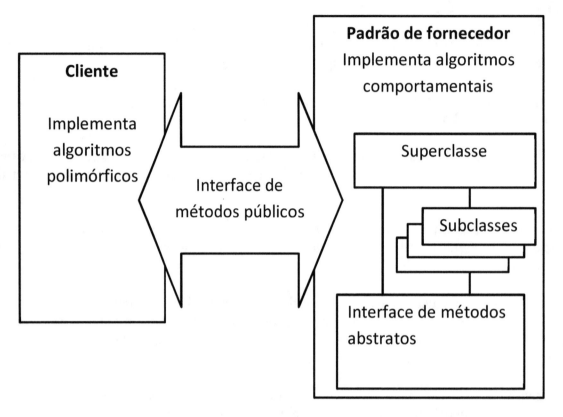

É aconselhável organizar o sistema em pelo menos duas camadas, uma camada para classes que são clientes e outra camada para classes que são fornecedores.

Existem diferentes maneiras de organizar um aplicativo Java por camadas:
1. Um projeto com um pacote para todas as classes, (não recomendado)
2. Um projeto com dois pacotes que conterão as classes atribuídas a cada camada (recomendado)
3. Dois projetos em uma aplicação, um projeto para cada camada. (recomendado para equipes de programadores ou para grandes projetos)

O mesmo raciocínio pode ser usado se o aplicativo foi projetado com três ou mais camadas. Os pacotes podem conter outros pacotes para que uma camada possa conter outras camadas ou subcamadas. Em Java, um pacote é uma pasta criada pelo sistema operacional.

IDEs, (Integrated Development Environments), são ferramentas que ajudam a criar aplicativos que conterão projetos de código Java. Os projetos conterão pacotes e os pacotes conterão arquivos com código-fonte escrito na linguagem Java.

Alguns IDEs populares para escrever código Java:
- JDeveloper: http://oracle.com
- NetBeans: https://netbeans.org/
- Eclipse: https://www.eclipse.org/
- IntelliJ: https://www.jetbrains.com/
- Visual Studio Code: https://code.visualstudio.com/
- Android Studio: https://developer.android.com/

Camada número um: camada do cliente
- O pacote chamado "app" conterá as classes que são clientes e as classes que implementam os algoritmos polimórficos.

Camada número dois: camada de provedor
- O pacote chamado "patron" conterá o padrão de herança entre as classes.

Diagrama UML Java para configuração 1.1 – variante 1: uma referência, um objeto na memória

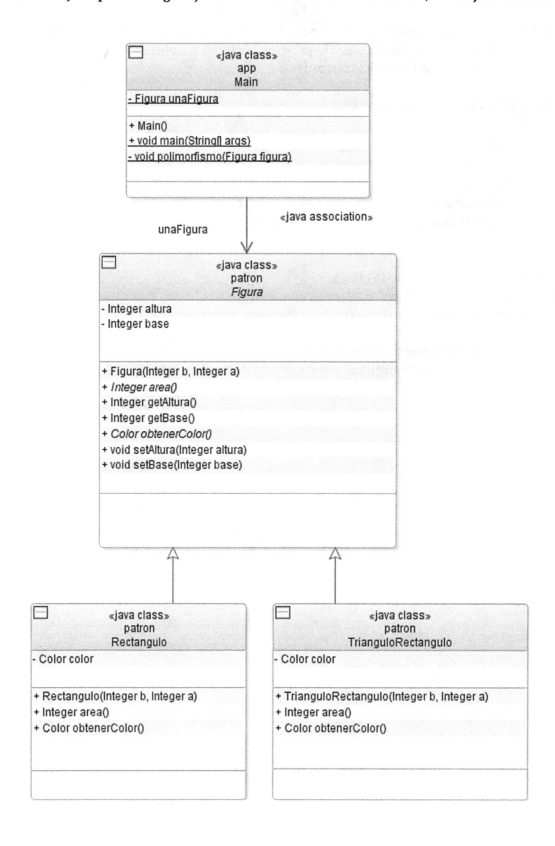

Código-fonte para configuração 1.1 – variante 1

```java
package app;

import patron.Figura;
import patron.Rectangulo;
import patron.TrianguloRectangulo;


public class Main {
    public Main() {
        super();
    }
    private static Figura unaFigura = null;

    public static void main(String[] args) {
        Main main = new Main(); //el objeto main tiene información relevante a
la clase Main{}

        //esto es un error, no es posible crear instancias de una clase
abstracta
        //Figura figura = new Figura();

        System.out.println("Polimorfismo dinámico o de referencia");

        unaFigura = new Rectangulo(6, 8);
        polimorfismo(unaFigura);

        unaFigura = new TrianguloRectangulo(6, 8);
        polimorfismo(unaFigura);

    } //Fin del cuerpo del método main()

    //Método polimórfico o sobrecargado por el argumento del parámetro
    //El parámetro acepta tipos de argumentos distintos
    //En algunas ocasiones el argumento es del tipo rectángulo
    //  y en otras es del tipo triángulo rectángulo

    private static void polimorfismo(Figura figura) {

        //Líneas polimórficas, tienen comportamiento distinto dependiendo de la
figura
        //El compilador Java decide que comportamiento ejecutar dependiendo del
tipo

        System.out.println(figura.getClass().getName());
        System.out.println("  Altura = " + figura.getAltura());
        System.out.println("  Base = " + figura.getBase());
        System.out.println("  Área " + figura.area());
        System.out.println("  Color " + figura.obtenerColor());

    } //Fin del cuerpo del método polimórfico
} //Fin del cuerpo de la clase Main{}
```

```java
package patron;

import java.awt.Color;

//Niveles de control de acceso para clases, una clase pública puede ser accedida
por cualquier clase de cualquier paquete
//Una clase sin modificador puede ser accedida por una clase de su mismo paquete

public abstract class Figura {

    private Integer altura = 0;
    private Integer base = 0;

    public Figura(Integer b, Integer a) {
        base = b;
        altura = a;
        //super();
    }

    public void setAltura(Integer altura) {
        this.altura = altura;
    }

    public void setBase(Integer base) {
        this.base = base;
    }

    public Integer getAltura() {
        return altura;
    }

    public Integer getBase() {
        return base;
    }

    public abstract Integer area();

    public abstract Color obtenerColor();

}

package patron;

import java.awt.Color;

public class Rectangulo extends Figura {

    private Color color = new Color(0, 0, 0);

    public Rectangulo(Integer b, Integer a) {
        super(b, a); //Acceder a la estructura de datos de la superclase
        color = Color.orange;
    }

    @Override
    public Integer area() {
        return this.getAltura() * this.getBase();
    }
}
```

```
    @Override
    public Color obtenerColor() {
        // TODO Implement this method
        return color;
    }
}

package patron;

import java.awt.Color;

public class TrianguloRectangulo extends Figura {

    private Color color = new Color(0, 0, 0);

    public TrianguloRectangulo(Integer b, Integer a) {
        super(b, a); //Acceder a la estructura de datos de la superclase
        color = Color.green;
    }

    @Override
    public Integer area() {
        return (this.getAltura() * this.getBase()) / 2;
    }

    @Override
    public Color obtenerColor() {
        // TODO Implement this method
        return color;
    }

}
```

Explicação das linhas de código mais relevantes na configuração 1,1 – variante 1

Essa linha de código indica que a classe `Main{}` pertence ao pacote chamado `app`, o pacote chamado `app` conterá as classes da camada denominada `cliente`.

```
package app;
```

Importando as classes do pacote chamado `patron`. O pacote denominado `patron` conterá as classes da camada denominada `proveedor`. Infelizmente, a configuração 1,1 deve ter acesso a todas as classes na camada `proveedor`.

```
import patron.Figura;
import patron.Rectangulo;
import patron.TrianguloRectangulo;
```

Declaração da classe `Main{}`, a classe nomeada `Main{}` deve ser pública. A JVM deve localizar a classe `Main{}` para criar uma instância de memória.

```
public class Main {
```

Declaração do método do Construtor, com o nome de `Main()`. O `Main()` método deve ser público e homônimo para o `Main{}` classe. A JVM pesquisará e executará o método `Main()` no momento da criação de uma instância da classe `Main{}`.

```
public Main() {
    super(); //invoca el constructor de la superclase Object
}
```

Declaração da referência a objetos com o nome de: `unaFigura`. A referência `unaFigura` é do tipo `Figure{}`. A referência `unaFigura` não está apontando para uma instância de objeto.

```
private static Figura unaFigura = null;
```

Declaração do método `main()`, o método `main()` será pesquisado e executado pela JVM no momento da instanciação da classe `Main{}`.

```
public static void main(String[] args) {

    Main main = new Main(); //el objeto main tiene información relevante a
la clase Main{}

    //esto es un error, no es posible crear instancias de una clase
abstracta
    //Figura figura = new Figura();

    System.out.println("Polimorfismo     dinámico     o     de     referencia,     una
referencia muchos objetos, con recolector de basura");
```

Essa instrução irá apontar para a referência denominada `unaFigura` para o novo objeto criado pelo construtor chamado `Rectangulo()`.

```
unaFigura = new Rectangulo(6, 8);
```

A seguinte linha de código irá executar o método polimórfico chamado `polimorfismo()` com o parâmetro do tipo `Figura{}` e o argumento do tipo `Rectangulo{}`.

Um método é polimórfico quando a JVM deve decidir qual método executar, dependendo do tipo de parâmetro e do tipo de argumento. O JDK não pode prever em tempo de design que método para executar porque ele não sabe o tipo de argumento do parâmetro.

```
polimorfismo(unaFigura);
```

A referência, chamada `unaFigura`, é apontada para um novo objeto criado pelo construtor chamado `TrianguloRectangulo()`. O objeto rectangle não tem uma referência válida e deve ser limpo pelo coletor de lixo. Uma referência é polimórfica se for viável alterar o tipo de objeto referenciado.

```
unaFigura = new TrianguloRectangulo(6, 8);
```

A seguinte linha de código executa o método polimórfico chamado `polimorfismo()`, o método tem o parâmetro do tipo `Figura{}` e o argumento do parâmetro do tipo `TrianguloRectangulo{}`.

```
    polimorfismo(unaFigura);

} //Fin del cuerpo del método main()
```

O código a seguir declara o método polimórfico dinâmico chamado `polimorfismo()`, os métodos polimórficos dinâmicos são caracterizados por ter os parâmetros de um tipo e os argumentos podem ser de outro tipo. O parâmetro é do tipo `Figure{}` e os argumentos podem ser do tipo `Rectangulo{}` e `TrianguloRectangulo{}`. Os métodos polimórficos dinâmicos têm algoritmos polimórficos, os algoritmos polimórficos são caracterizados por ter comportamentos diferentes, dependendo do argumento atribuído ao parâmetro. Métodos polimórficos dinâmicos enviam mensagens e são recebidas pelas classes que são provedores dos diferentes comportamentos. As classes que são clientes implementam algoritmos polimórficos e as classes que são provedores implementam algoritmos de comportamento especializados. A principal característica dos algoritmos polimórficos dinâmicos é que eles alteram seu comportamento, dependendo do argumento atribuído ao parâmetro.

```
//Método polimórfico o sobrecargado por el argumento del parámetro
//El parámetro acepta tipos de argumentos distintos
//En algunas ocasiones el argumento es del tipo rectángulo
//  y en otras es del tipo triángulo rectángulo
private static void polimorfismo(Figura figura) {

    //Líneas polimórficas, tienen comportamiento distinto dependiendo de la
figura
    //El compilador Java decide que comportamiento ejecutar dependiendo del
tipo
    System.out.println(figura.getClass().getName());
    System.out.println("  Altura = " + figura.getAltura());
    System.out.println("  Base = " + figura.getBase());
    System.out.println("  Área " + figura.area());
    System.out.println("  Color " + figura.obtenerColor());


} //Fin del cuerpo del método polimórfico

}//Fin del cuerpo de la clase Main{}
```

Resumo dos conceitos:
- Um método é polimórfico se estiver sobrecarregado em seus parâmetros ou argumentos ou ambos.
- Um algoritmo é polimórfico se ele sempre envia a mesma mensagem para as classes que são provedores de comportamentos. A classe, cliente, `Main{}` envia mensagens `getAltura()`, `getBase()`, `area()` y `getColor()` para classes que são provedores de tais comportamentos.
- Classes que são clientes implementam métodos polimórficos e algoritmos, métodos polimórficos e algoritmos polimórficos enviam mensagens para classes que são provedores de comportamentos especializados.

As classes que são provedoras implementam uma interface de método único para receber mensagens das classes que são clientes.

Essa linha de código indica que a classe nomeada `Figure{}` pertence ao pacote denominado `patron`, o pacote com o nome do `patron` conterá as classes da camada denominada `proveedor`.

```
package patron;
```

Demonstrativo para importar a classe denominada `Color` do pacote denominado `java.awt`.

```
import java.awt.Color;
```

Declaración de la clase llamada `Figura{}`, la clase llamada `Figura{}` debe ser pública ya que es invocada desde el paquete `app`.

Declaração de classe com o nome da `Figura{}`, a classe nomeada `Figura{}` deve ser pública porque é invocada a partir do pacote `app`.

```
//Niveles de control de acceso de una clase
//1-Una clase pública puede ser accedida por cualquier clase de cualquier
  paquete
//2-una clase sin modificador puede ser accedida por una clase de su mismo
  paquete o desde otro paquete a través de la herencia

public abstract class Figura {
```

Declaração dos campos pertencentes à classe chamada `Figura{}`.

```
    private Integer altura = 0;
    private Integer base = 0;
```

Declaração do método construtor chamado `Figura()`, o método construtor chamado `Figura()` deve ser público e homônimo para a classe nomeada `Figura{}`. O construtor é chamado no momento da criação de uma instância de objeto. É uma boa idéia usar o método do construtor para inicializar os campos da classe. O método do construtor é a interface principal para acessar dados privados na classe no momento da construção de um objeto. Métodos de construtor podem ser sobrecarregados em seus parâmetros e argumentos.

```
    public Figura(Integer b, Integer a) {
        base = b;
        altura = a;
        //super();//No es necesario invocar el constructor de una superclase
    }
```

As instruções a seguir são a interface de métodos públicos para acessar dados privados.

```
    public void setAltura(Integer altura) {
        this.altura = altura;
    }

    public void setBase(Integer base) {
```

```
        this.base = base;
    }

    public Integer getAltura() {
        return altura;
    }

    public Integer getBase() {
        return base;
    }
```

Declaração da interface de métodos abstratos. Métodos abstratos devem ser substituídos, `@Override`, pela classe que herda essa classe.

```
    public abstract Integer area();

    public abstract Color obtenerColor();

}//Fin del cuerpo de la clase Figura{}
```

Resumo dos principais tópicos abordados no código fonte Java

Tipos de interfaces que podem ser declarados em uma classe:
- Métodos de construção
- Métodos públicos
- Métodos abstratos

Características de uma classe declarada como abstrata:
- Não é possível instanciar uma classe declarada como abstrata.
- Classe deve ser herdada para acessar membros não-estáticos.
- Se uma classe é declarada abstrata e não herdada, então é preferível que todos os seus membros públicos ou protegidos sejam declarados como estáticos.
- Uma classe pode ser declarada como abstrata e não ter instruções de método abstrato. Não é possível instanciar a classe e forçar a classe a ser herdada, ou que todos os seus membros públicos ou protegidos são estáticos.
- Se uma classe tem um método abstrato então a classe deve ser declarada abstrata.

Em todas as declarações de métodos, parâmetros e argumentos podem ser sobrecarregados.

Em uma declaração de método, a sobrecarga de parâmetros e argumentos é o mecanismo que garante a construção de algoritmos polimórficos.

Essa linha de código indica que a classe nomeada `Rectangulo{}` pertence ao pacote denominado `patron`, o pacote denominado `patron` conterá as classes da camada denominada `proveedor`.

```
package patron;
```

```
import java.awt.Color;
```

Declaração de uma classe com o nome `Rectangulo{}`. A classe chamada `Rectangulo{}` deve ser pública, pois é invocada a partir do pacote chamado `app`. Também estende novas funções e herda a interface de métodos públicos de acesso a dados privados declarados na classe herdada.

```
public class Rectangulo extends Figura {

    private Color color = new Color(0, 0, 0);
```

Os métodos que são construtores têm acesso à estrutura de dados da classe herdada, é uma boa idéia inicializar os dados da superclasse ao criar uma instância de uma subclasse.

```
    public Rectangulo(Integer b, Integer a) {
        super(b, a);//Ejecutar el constructor de la superclase. Acceder a
la estructura de datos de la superclase
        color = Color.orange;
    }
```

As seguintes linhas de código sobrescrevem, @Override, os métodos abstratos legados. Os métodos que são declarados abstratos não possuem código implementado, é obrigação da subclasse implementar o código faltante.

```
    @Override
    public Integer area() {
        return this.getAltura() * this.getBase();
    }
```

```
    @Override
    public Color obtenerColor() {
        // TODO Implement this method
        return color;
    }
}//Fin del cuerpo de la clase Rectangulo{}
```

Não é necessário comentar o seguinte código, uma vez que foi comentado anteriormente.

```
package patron;
```

```
import java.awt.Color;
```

```
public class TrianguloRectangulo extends Figura {
    private Color color = new Color(0, 0, 0);
    public TrianguloRectangulo(Integer b, Integer a) {
        super(b, a); //Acceder a la estructura de datos de la superclase
        color = Color.green;
    }
```

```
    @Override
    public Integer area() {
        return (this.getAltura() * this.getBase()) / 2;
    }
```

```
    @Override
```

```
    public Color obtenerColor() {
        // TODO Implement this method
        return color;
    }

}//Fin del cuerpo de la clase TrianguloRectangulo{}
```

Resumo da estrutura hierárquica de classes

As classes que são clientes enviam mensagens para as subclasses, as subclasses gerenciam os algoritmos implementados em seu próprio corpo e os algoritmos implementados na superclasse através de herança. A superclasse força a subclasse a implementar certos métodos.

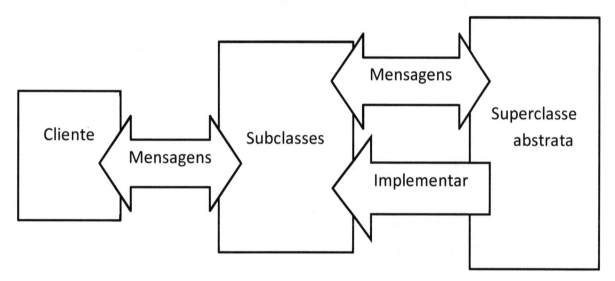

Processo de abstração: O processo de abstração está na determinação da estrutura de dados e da estrutura hierárquica de classes que resolvem um problema. Dada uma estrutura de classe hierárquica, programadores atentos podem perguntar: ela pode conter algoritmos diferentes para resolver problemas?

Diagrama Java UML para configuração 1.1 - variante 2: Muitas referências, um objeto na memória por referência

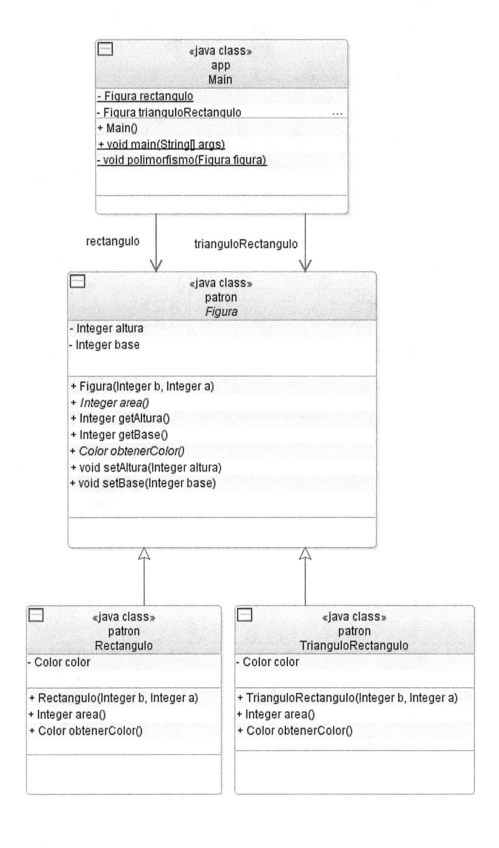

Código fonte para configuração 1.1 - variante 2

```java
package app;

import patron.Figura;
import patron.Rectangulo;
import patron.TrianguloRectangulo;

public class Main {
    public Main() {
        super(); //invoca el constructor de la superclase Object
    }
    //declarar todas las referencias de objetos que sean necesarias
    private static Figura rectangulo = null;
    private static Figura trianguloRectangulo = null;

    public static void main(String[] args) {
        Main main = new Main(); //el objeto main tiene información
relevante a la clase Main{}

        //esto es un error, no es posible crear instancias de una clase
abstracta
        //Figura figura = new Figura();

        System.out.println("Polimorfismo dinámico o de referencia");
        System.out.println("Muchas referencias un objeto por referencia
en memoria");

        //crear un objeto para cada referencia
        rectangulo = new Rectangulo(6, 8);
        polimorfismo(rectangulo);

        trianguloRectangulo = new TrianguloRectangulo(6, 8);
        polimorfismo(trianguloRectangulo);

    } //Fin del cuerpo del método main()

    //Método polimórfico o sobrecargado por el argumento del parámetro
    //El parámetro acepta tipos de argumentos distintos
    //En algunas ocasiones el argumento es del tipo rectángulo
    //  y en otras es del tipo triángulo rectángulo

    private static void polimorfismo(Figura figura) {

        //Líneas       polimórficas,       tienen       comportamiento       distintos
dependiendo de la figura
```

```
        //La JVM Java decide que comportamiento ejecutar dependiendo del
tipo del argumento enviado en el parámetro

        System.out.println(figura.getClass().getName());
        System.out.println(" Altura = " + figura.getAltura());
        System.out.println(" Base = " + figura.getBase());
        System.out.println(" Área " + figura.area());
        System.out.println(" Color " + figura.obtenerColor());

    } //Fin del cuerpo del método polimórfico

} //Fin del cuerpo de la clase Main{}
```

Resumo dos tópicos discutidos até agora

A configuração 1.1 na variante 1, declara uma referência e uma instância de objeto, a única referência é apontada para uma nova instância de objeto sempre que for necessário. O uso de memória é pequeno, mas a JVM deve coletar instâncias de objetos não referenciados.

A configuração 1.1 na variante 2, declara muitas referências e uma instância de objeto para cada referência, cada referência é apontada para uma instância de objeto. O uso de memória é maior devido ao grande número de objetos na memória. A JVM tem pouco trabalho, já que não deve coletar objetos não referenciados.

Estrutura do conhecimento aprendido até agora. Programação com polimorfismo:
- Estabelecer a estrutura de dados (abstração: agrupar os "Casos de Uso")
- Estabelecer a estrutura hierárquica das classes (abstração: relacionamentos, herança)
- Determinar um padrão de design (estrutura em camadas)
  - Determinar os algoritmos (processuais ou práticos)
    - Algoritmos especializados que resolvem o problema (fornecedores)
    - Algoritmos polimórficos que usam a solução encontrada (clientes)
      - Polimorfismo estático (sobrecarga de parâmetros)
      - Polimorfismo dinâmico (sobrecarga dos argumentos)

Nota: Na configuração 1.1 variante 2, as modificações do código-fonte foram feitas na classe que possui a função do cliente. As classes que têm o papel de fornecedores não tiveram mudanças no código e permaneceram as mesmas da configuração 1.1 variante 1.

Explicação das linhas de código mais relevantes na configuração 1.1 - variante 2

Somente o código-fonte da classe com a função do cliente será explicado: Main{}. O restante do código-fonte é idêntico à configuração 1.1 variante 1.

```
package app;

import patron.Figura;
import patron.Rectangulo;
```

```
import patron.TrianguloRectangulo;

public class Main {
    public Main() {
        super(); //invoca el constructor de la superclase Object
    }
```

Na variante número dois, você deve criar o mesmo número de referências de objetos e instâncias de objetos para resolver o problema.

```
    //declarar todas las referencias de objetos que sean necesarias
    private static Figura rectangulo = null;
    private static Figura trianguloRectangulo = null;
```

```
    public static void main(String[] args) {
        Main main = new Main(); //el objeto main tiene información
relevante a la clase Main{}

        //esto es un error, no es posible crear instancias de una clase
abstracta
        //Figura figura = new Figura();

        System.out.println("Polimorfismo dinámico o de referencia");
        System.out.println("Muchas referencias un objeto por referencia
en memoria");
```

Para cada referência você tem que criar uma instância de objeto, existem tantos objetos quanto referências foram criadas. Se a JVM encontrar um objeto não referenciado, ele será limpo da memória. A variante número dois tenta reduzir o trabalho da JVM mantendo todos os objetos com sua referência correspondente durante a execução do aplicativo.

```
        //crear un objeto para cada referencia
        rectangulo = new Rectangulo(6, 8);
        polimorfismo(rectangulo);

        trianguloRectangulo = new TrianguloRectangulo(6, 8);
        polimorfismo(trianguloRectangulo);
```

```
    } //Fin del cuerpo del método main()
```

A JVM avaliará o argumento do método no tempo de execução: `private static void polimorfismo(Figura figura) {...}`, para decidir qual método executar, dada a instância do objeto chamada `figura`, por exemplo: `figura.getAltura();`

```
    //Método polimórfico o sobrecargado por el argumento del parámetro
```

```
//El parámetro acepta tipos de argumentos distintos
//En algunas ocasiones el argumento es del tipo rectángulo
//  y en otras es del tipo triángulo rectángulo
private static void polimorfismo(Figura figura) {
    //Líneas polimórficas, tienen comportamiento distinto dependiendo
de la figura
    //La JVM Java decide que comportamiento ejecutar dependiendo del
tipo del argumento enviado en el parámetro
    System.out.println(figura.getClass().getName());
    System.out.println("  Altura = " + figura.getAltura());
    System.out.println("  Base = " + figura.getBase());
    System.out.println("  Área " + figura.area());
    System.out.println("  Color " + figura.obtenerColor());

} //Fin del cuerpo del método polimórfico

} //Fin del cuerpo de la clase Main{}
```

Resumo dos tópicos importantes discutidos até agora

A criação de métodos polimórficos permite que a JVM decida qual método executar, dependendo do tipo de argumento e do tipo de parâmetro. Os métodos polimórficos cumprem dois objetivos de programação orientada a objetos.

Objetivo da programação orientada a objetos:
1. Redução da quantidade de código escrito pelos programadores. Neste caso, foi escrita uma linha de código que executa dois comportamentos. Por exemplo: `figura.getAltura();` é executado para o cálculo da área de duas figuras diferentes.
2. Criação de módulos reutilizáveis. Neste caso, o método chamado `polimorfismo()` tem sido utilizado para reutilizá-lo no cálculo da área de um quadrilátero e no cálculo da área de um triângulo retângulo. Além disso, o padrão de design pode ser reutilizado com diferentes algoritmos polimórficos, por exemplo: "não imprima a cor se a área for menor que 100".

O mecanismo de polimorfismo permite reduzir o código escrito pelos programadores e criar módulos reutilizáveis. Um programador astuto sempre encontrará uma maneira de escrever pouco código e deixar que a JVM tenha que fazer o máximo de trabalho possível ao resolver um problema.

Configuração 1.2 - Referências de objetos e objetos são criadas usando as subclasses

Na configuração 1.2, uma nova restrição é estabelecida, não é possível criar referências da superclasse. Nesta configuração existem duas restrições: não crie objetos da superclasse e não crie referências da superclasse.

Na configuração 1.2, referências e objetos são criados a partir de subclasses.

Código Java para criar a configuração 1.2

```
SubClase01 objeto01 = null;  //crear una referencia usando la subclase
Objeto01 = new SubClase01(); //apuntar la referencia a un nuevo objeto

SubClase02 objeto02 = null;  //crear una referencia usando la subclase
Objeto02 = new SubClase02(); //apuntar la referencia a un nuevo objeto

SubClase03 objeto03 = null;  //crear una referencia usando la subclase
Objeto03 = new SubClase03(); //apuntar la referencia a un nuevo objeto

SubClaseN objetoN = null;   //crear una referencia usando la subclase
ObjetoN = new SubClaseN(); //apuntar la referencia a un nuevo objeto
```

Propriedades da configuração 1.2

	Crie referências	**Crie objetos**
Superclasse (abstrata)	X (restrição)	Não permitido
Subclasse	Sim	Sim

Utilitário de configuração 1.2

É uma configuração adequada para quando há poucos objetos especializados, cada objeto tem a necessidade de implementar um algoritmo particular ou único. Se tantas referências forem declaradas como objetos especializados, é possível ter na memória todos os objetos necessários para resolver um problema. Cada referência funciona como um ponteiro para cada objeto especializado. Objetos podem permanecer na memória durante todo o tempo de execução do aplicativo.

Uma atribuição estática significa que a referência e a instância do objeto são feitas com a mesma classe. O compilador pode facilmente deduzir, em tempo de design, o tipo de objeto declarado em um parâmetro de um método. Em uma atribuição estática, o parâmetro e os argumentos são do mesmo tipo.

A atribuição estática de cada referência a um objeto permite aplicar o mecanismo de polimorfismo estático, cada referência pode enviar mensagens para um objeto especializado. Se todas as subclasses implementarem uma única interface, elas poderão receber mensagens idênticas das referências.

Para aplicar ou usar o mecanismo de polimorfismo estático, é necessário enviar mensagens aos objetos por meio de uma interface de método. Cada objeto deve implementar a mesma interface de métodos.

A declaração de métodos abstratos na superclasse especifica um contrato que as subclasses devem respeitar. As subclasses cumprirão o contrato quando implementarem o código em falta. A declaração de métodos não abstratos na superclasse especifica um contrato opcional que as subclasses podem cumprir ou não cumprir.

As classes abstratas declaram dois tipos de métodos:
1. Métodos com código no corpo. Classes que herdam uma classe abstrata podem opcionalmente sobrescrever esses métodos.

2. Métodos sem código ou sem corpo. Classes que herdam uma classe abstrata devem sobrescrever esses métodos; implementando o código em falta.

Os métodos declarados como abstratos são amplamente utilizados pelos analistas de sistemas para especificar os requisitos do usuário durante o processo de construção de um produto de software.

O processo de abstração é um processo psicológico que um humano executa para encontrar a solução para um problema. Classes e métodos abstratos são ferramentas que os analistas de sistemas de informação usam para especificar a solução para um problema. Os programadores interpretam as especificações indicadas pelos analistas de sistemas de informação e escrevem o código ausente ou especificado.

Diagrama Java UML para configuração 1.2

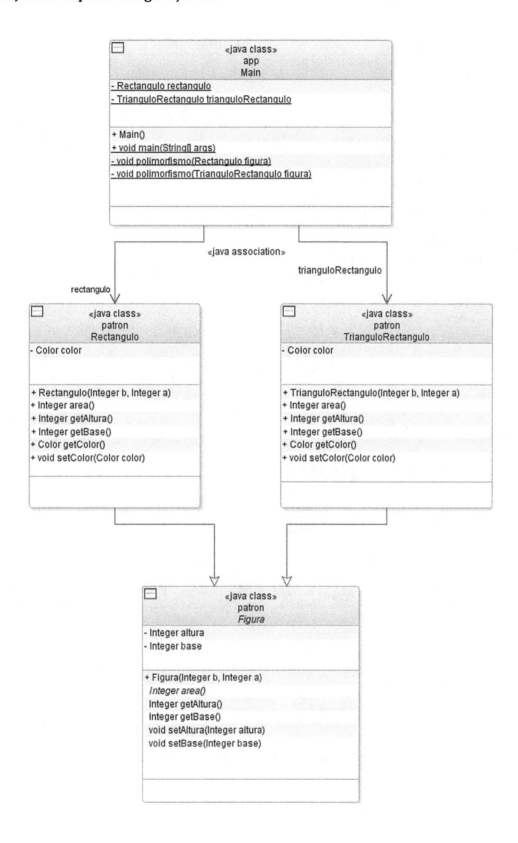

Código fuente para la configuración 1.2

```
package app;
import patron.Rectangulo;
import patron.TrianguloRectangulo;
public class Main {
    public Main() {
        super();
    }
    private static Rectangulo rectangulo  = null;
    private static TrianguloRectangulo trianguloRectangulo = null;

    //Esta línea es un error, la clase Figura no es pública
    //La clase Figura está protegida en el paquete patron
    //private static Figura figura = null;

    public static void main(String[] args) {
        Main main = new Main();
        System.out.println("Polimorfismo   por   sobrecarga   del   parámetro   del
método");
        rectangulo = new Rectangulo(3, 4);
        polimorfismo(rectangulo);
        trianguloRectangulo = new TrianguloRectangulo(5, 4);
        polimorfismo(trianguloRectangulo);

        //Esta línea es un error, la clase Figura{} no es pública
        //La clase Figura{} está protegida en el paquete patron
        //Figura figura = new Rectangulo(2,4);

        //Esto  es  un  error,  no  es  posible  crear  instancias  de  una  clase
abstracta
        //Figura figura = new Figura();
    }

    //El compilador Java decide que método ejecutar en tiempo de ejecución
    //Método polimórfico o sobrecargado por el parámetro

    private static void polimorfismo(Rectangulo figura) {

        //Líneas no polimórficas, siempre se comportan como un rectángulo
        //El compilador  Java  decide  que  comportamiento  ejecutar  en  tiempo de
diseño

        System.out.println(figura.getClass().getName());
        System.out.println("  Altura = " + figura.getAltura());
        System.out.println("  Base = " + figura.getBase());
        System.out.println("  Área " + figura.area());
        System.out.println("  Color " + figura.getColor());
    }

    //Método polimórfico o sobrecargado por el parámetro

    private static void polimorfismo(TrianguloRectangulo figura) {

        //Líneas  no  polimórficas,  siempre  se  comportan  como  un  triángulo
rectángulo
        //El  compilador  Java  decide  que  comportamiento  ejecutar  en  tiempo de
diseño
```

```
        System.out.println(figura.getClass().getName());
        System.out.println("  Altura = " + figura.getAltura());
        System.out.println("  Base = " + figura.getBase());
        System.out.println("  Área " + figura.area());
        System.out.println("  Color " + figura.getColor());
    }
}


package patron;
import java.awt.Color;
public final class Rectangulo extends Figura {
    private Color color = new Color(0, 0, 0);
    public void setColor(Color color) {
        this.color = color;
    }

    public Color getColor() {
        return color;
    }
    public Rectangulo(Integer b, Integer a) {
        super(b, a);
        color = Color.orange;
    }
    @Override
    public Integer area() {
        return this.getAltura() * this.getBase();
    }
    @Override
    public Integer getAltura() {
        // TODO Implement this method
        return super.getAltura();
    }
    @Override
    public Integer getBase() {
        // TODO Implement this method
        return super.getBase();
    }
}

package patron;
import java.awt.Color;
public final class TrianguloRectangulo extends Figura {
    private Color color = new Color(0, 0, 0);
    public void setColor(Color color) {
        this.color = color;
    }
    public Color getColor() {
        return color;
    }
    public TrianguloRectangulo(Integer b, Integer a) {
        super(b, a);
        color = Color.green;
    }
    @Override
```

```java
    public Integer area() {
        return (this.getAltura() * this.getBase()) / 2;
    }
    @Override
    public Integer getAltura() {
        // TODO Implement this method
        return super.getAltura();
    }
    @Override
    public Integer getBase() {
        // TODO Implement this method
        return super.getBase();
    }
}

package patron;

//Los niveles de control de acceso protected y por defecto para miembros.

//  Un miembro default puede ser accedido solo si la clase que
//     accede al miembro pertenece al mismo paquete.
//  Un miembro protected puede ser accedido por la herencia,
//     la subclase puede pertenecer al mismo paquete u otro paquete.
//Los niveles de control de acceso public y por defecto para clases.
//  Una clase pública puede ser accedida por cualquier clase de cualquier
paquete. Una clase sin modificador puede ser accedida por una clase de su
mismo paquete

abstract class Figura {
    private Integer altura = 0;
    private Integer base = 0;

    public Figura(Integer b, Integer a) {
        base = b;
        altura = a;
        //super();
    }
    protected void setAltura(Integer altura) {
        this.altura = altura;
    }
    protected void setBase(Integer base) {
        this.base = base;
    }
    protected Integer getAltura() {
        return altura;
    }
    protected Integer getBase() {
        return base;
    }
    protected abstract Integer area();
}
```

Explicação das linhas de código mais relevantes na configuração 1.2

Comentários serão feitos sobre os aspectos mais interessantes das linhas de código, muitas linhas de código foram discutidas acima.

```
package app;
```

As seguintes linhas de código importam as classes do pacote chamado `patron`. O pacote chamado `patron` conterá as classes da camada chamada `proveedor`. Um aspecto interessante da configuração 1.2 é que não é necessário acessar a classe chamada `Figura{}`. A classe com o nome da `Figura{}` deve ser encapsulada no pacote chamado `patron`. Para encapsular uma classe em um pacote, você deve usar o modificador padrão na declaração do nome da classe.

```
import patron.Rectangulo;
import patron.TrianguloRectangulo;
```

```
public class Main {
    public Main() {
        super();
    }
```

Essas linhas de código são a declaração das referências às subclasses, as referências não estão apontando para nenhum objeto. A configuração 1.2 não precisa acessar a classe `Figura{}`, por esse motivo, a classe `Figura{}` foi declarada não pública na camada de `proveedor`.

```
    private static Rectangulo rectangulo  = null;
    private static TrianguloRectangulo trianguloRectangulo = null;
```

```
    //Esta línea es un error, la clase Figura{} no es pública
    //La clase Figura{} está protegida en el paquete patron
    //private static Figura figura = null;
```

```
    public static void main(String[] args) {
        Main main = new Main(); //el objeto main tiene información relevante
a la clase Main{}

        System.out.println("Polimorfismo por sobrecarga del parámetro del
método");
```

```
        rectangulo = new Rectangulo(3, 4);
```

Execução do método polimórfico estático chamado polimorfismo (). O parâmetro e o argumento são do mesmo tipo, neste caso, são do tipo retângulo.

```
        polimorfismo(rectangulo);
```

```
        trianguloRectangulo = new TrianguloRectangulo(5, 4);
```

Execução do método polimórfico estático chamado polimorfismo (). O parâmetro e o argumento são do mesmo tipo, neste caso, são do tipo triângulo retângulo.

```
        polimorfismo(trianguloRectangulo);

        //Esta línea es un error, la clase Figura{} no es pública
        //La clase Figura{} está protegida en el paquete patron
        //Figura figura = new Rectangulo(2,4);

        //Esto es un error por dos motivos: no es posible crear
instancias de una clase abstracta ni se puede tener acceso a clases
protegidas en el paquete
        //Figura figura = new Figura();

    } //Fin del cuerpo del método main()
```

O código a seguir implementa a declaração dos dois métodos polimórficos estáticos necessários para resolver o problema de cálculo da área. Os dois métodos têm o mesmo nome: polimorfismo (...). Os dois métodos são diferenciados pelo tipo de parâmetro.

Os métodos polimórficos estáticos são caracterizados por ter parâmetros e argumentos do mesmo tipo. O parâmetro e o argumento são do tipo: 1) retângulo, 2) triângulo retângulo.

Métodos polimórficos estáticos implementam algoritmos polimórficos estáticos. Algoritmos polimórficos estáticos invocam diferentes comportamentos usando a mesma mensagem. Por exemplo: `figura.getAltura();`

Métodos polimórficos estáticos enviam mensagens para classes que têm o papel de fornecer os comportamentos desejados. Classes que são clientes implementam algoritmos polimórficos estáticos. As classes que são provedores implementam algoritmos de comportamento especializados.

A principal característica dos algoritmos polimórficos estáticos é que o comportamento e as mensagens enviadas são definidos no tempo de projeto do aplicativo Java.

```
    //El compilador Java decide que método ejecutar en tiempo de diseño
según su parámetro.
    //Método polimórfico o sobrecargado por el parámetro.

    private static void polimorfismo(Rectangulo figura) {

        //Líneas polimórficas estáticas, siempre se comportan como un
rectángulo.
        //El compilador Java decide que comportamiento ejecutar en tiempo
de diseño.

        System.out.println(figura.getClass().getName());
        System.out.println(" Altura = " + figura.getAltura());
        System.out.println(" Base = " + figura.getBase());
        System.out.println(" Área " + figura.area());
        System.out.println(" Color " + figura.getColor());

    }//Fin del cuerpo del método polimórfico
```

```
    //El compilador Java decide que método ejecutar en tiempo de diseño
según su parámetro.
    //Método polimórfico o sobrecargado por el parámetro.

    private static void polimorfismo(TrianguloRectangulo figura) {

        //Líneas polimórficas estáticas, siempre se comportan como un
triángulo rectángulo.

        //El compilador Java decide que comportamiento ejecutar en tiempo
de diseño.

        System.out.println(figura.getClass().getName());
        System.out.println("  Altura = " + figura.getAltura());
        System.out.println("  Base = " + figura.getBase());
        System.out.println("  Área " + figura.area());
        System.out.println("  Color " + figura.getColor());

    }//Fin del cuerpo del método polimórfico

}//Fin del cuerpo de la clase Main{}
```

Resumo dos conceitos:
- Um método é polimórfico se estiver sobrecarregado em seus parâmetros ou argumentos ou ambos.
- Um algoritmo é polimórfico se enviar a mesma mensagem para as classes que fornecem os comportamentos especializados. Nesse caso, a classe com o papel do cliente envia as mensagens getAltura(), getBase(), area() e getColor() para as classes de fornecimento desses comportamentos.
- Classes que são clientes implementam métodos e algoritmos polimórficos. Algoritmos polimórficos enviam mensagens para classes que fornecem um comportamento especializado.
- As classes que têm o papel de provedores implementam uma interface de métodos única para receber mensagens das classes que têm a função de clientes.

As seguintes classes pertencem ao pacote com o nome de "patron". Essas classes fornecerão comportamentos específicos.

Muitas dessas linhas de código já foram comentadas, os aspectos mais relevantes serão discutidos.

```
package patron;
```

As seguintes linhas de código declaram a classe chamada Figura{}, a classe chamada Figura{} é declarada sem o modificador de acesso, o modificador de acesso padrão indica que a classe está protegida no pacote que a contém.

Modificadores de acesso para campos de uma classe:
1. public: qualquer turma tem acesso ao campo (não recomendado)
2. private: nenhuma classe tem acesso ao campo (recomendado)
3. protected: as classes do mesmo pacote e as classes que herdam os campos podem acessar os referidos campos, as classes que são herdeiras e aquelas que são herdadas podem estar em pacotes diferentes (somente quando necessário)

4. Sem modificador: o campo que possui o modificador padrão é acessado pelas classes que pertencem ao mesmo pacote (somente quando necessário)

Modificadores de acesso para classes:
1. `public`: classes públicas podem ser acessadas de qualquer pacote (somente quando necessário)
2. Sem modificador: uma classe declarada sem um modificador é acessada pelas classes de seu mesmo pacote ou de outro pacote através de herança (recomendado)

O modificador `abstract` para métodos e classes:
- Se um método for declarado como abstrato, ele não poderá ter o código Java implementado, se uma classe tiver um método abstrato, a classe também deverá ser declarada como abstrata. Não é possível instanciar objetos de uma classe abstrata. O código Java ausente deve ser implementado pela classe que está relacionada por meio da herança com a classe abstrata.
- Se uma classe for declarada como abstract, não será possível instanciar objetos a partir dela, independentemente de ter um método abstrato declarado ou não. A única maneira de acessar uma classe abstrata é através da herança. O modificador `abstract` é incompatível com o modificador `final`. O modificador `final` é usado para impedir que uma classe seja herdada por outra classe.

```
//Los niveles de control de acceso protected y por defecto para miembros
   de una clase:
//  Un miembro default puede ser accedido sólo si la clase que
//    accede al miembro de la clase pertenece al mismo paquete.
//  Un miembro declarado como protected puede ser accedido por la
   herencia, la subclase puede pertenecer al mismo paquete u otro paquete.
//Los niveles de control de acceso public y por defecto para clases:
//  Una clase pública puede ser accedida por cualquier clase de cualquier
   paquete
//  Una clase sin modificador puede ser accedida por una clase de su
   mismo paquete o desde otro paquete a través de la herencia

abstract class Figura {
```

```
    private Integer altura = 0;
    private Integer base = 0;
```

O código a seguir é a declaração do método construtor chamado `Figura()`, o método chamado `Figura()` deve ser público e homônimo para a classe chamada `Figura{}`. É uma boa ideia usar o método construtor para inicializar os campos na classe. O método construtor é a interface principal para acessar os dados privados da classe. Se uma classe é abstrata, seu método construtor pode ser invocado pela classe que a herda.

```
    public Figura(Integer b, Integer a) {
        base = b;
        altura = a;
        //super();//No es necesario invocar el constructor de una superclase
    }
```

As seguintes linhas de códigos são a declaração da interface dos métodos de acesso a dados privados da classe. Se um método é declarado sem um modificador, somente as classes do mesmo pacote podem acessar o método. Os métodos podem ter quatro modificadores:

1. Sem modificador: somente as classes no mesmo pacote acessam o método
2. `protected`: somente as classes do mesmo pacote acessam o método e as classes que herdam o método, as classes que herdam o método podem estar em outro pacote
3. `public`: todas as classes podem acessar o método
4. `private`: nenhuma classe pode acessar o método, somente a classe em si pode acessar o método

```
void setAltura(Integer altura) {
    this.altura = altura;
}

void setBase(Integer base) {
    this.base = base;
}

integer getAltura() {
    return altura;
}

integer getBase() {
    return base;
}
```

A próxima linha de código é a declaração da interface dos métodos abstratos, haverá tantos métodos chamados `area()` quanto subclasses. Métodos abstratos devem ser sobrescritos pela classe que herda essa classe. Se um método é declarado sem o modificador de acesso, somente as classes no mesmo pacote podem acessar o método.

Nota importante e um detalhe fascinante sobre o polimorfismo em Java: Você tem que entender que uma linha de código foi escrita, e é correto dizer: "interface de métodos abstratos". No futuro, as classes que têm o papel de clientes poderão criar muitos objetos de tipos diferentes, cada tipo de objeto implementará uma versão diferente do método chamado `area()`.

```
    abstract Integer area();//Declaración de la: "interfaz de métodos
abstractos"

}//Fin del cuerpo de la clase Figura{}
```

Esta linha de código indica que a classe `Rectangulo{}` pertence ao pacote chamado `patron`, o pacote com o nome do `patron` conterá as classes da camada chamada `proveedor`.

```
package patron;
```

```
import java.awt.Color;
```

A linha de código a seguir é a declaração da classe chamada `Rectangulo{}`, é uma classe pública, pois será invocada a partir do pacote com o nome do `app`. A classe `Rectangulo{}` é estendida da classe chamada `Figura{}` e herda a interface de métodos públicos para acessar os dados privados da classe `Figura{}`. O modificador `final` indica que a classe `Rectangulo{}` não pode ser herdada por outra classe, os programadores devem necessariamente instanciar um objeto da classe `Rectangulo{}`.

```java
public final class Rectangulo extends Figura {

    private Color color = new Color(0, 0, 0);

    public Rectangulo(Integer b, Integer a) {
        super(b, a); //Ejecutar el constructor de la superclase. Acceder
a la estructura de datos de la superclase
        color = Color.orange;
    }

    public void setColor(Color color) {
        this.color = color;
    }

    public Color getColor() {
        return color;
    }
```

As seguintes linhas de código sobrescrevem os métodos abstratos herdados da superclasse. O método sobrescrito implementará o código especializado ou mais específico do que o código implementado na superclasse. Cada subclasse implementará uma versão de código mais especializada ou mais específica. Normalmente, as superclasses implementam um código de um nível mais alto de abstração, e as subclasses implementam um código de um nível maior de concreção ou especialização. Também é aconselhável implementar na superclasse o código que todas as subclasses precisam. Se houver uma subclasse que precise de código exclusivo, seria melhor se essas classes assumissem o código exclusivo. Quando as subclasses precisam implementar um código único, a superclasse irá declarar um método com o modificador abstrato. Se as subclasses precisarem executar o código compartilhado, a superclasse implementará métodos com código em seu corpo.

```java
    @Override
    public Integer area() {
        //implementar el código faltante en la superclase
        //implementación del código especializado o de mayor concreción
        return this.getAltura() * this.getBase();

    }

    @Override
    public Integer getAltura() {
        // TODO Implement this method
        //ejecutar el código de mayor abstracción, implementado en la
superclase
        return super.getAltura();
    }

    @Override
```

```
    public Integer getBase() {
        // TODO Implement this method
        //ejecutar el código de mayor abstracción, implementado en la
    superclase
        return super.getBase();
    }

}//Fin del cuerpo de la clase Rectangulo{}
```

Resumo do código comentado

Características do código escrito na superclasse:
- O código implementado nos métodos com corpo, não abstrato, são métodos que possuem um nível mais alto de abstração.
- Métodos não abstratos são compartilhados ou usados por todas as subclasses.
- Os métodos declarados como abstratos não possuem código implementado, eles não possuem corpo.
- Se um método é declarado como abstrato, isso significa que a superclasse desistiu de implementar uma versão do método.
- Os métodos declarados como abstratos devem ser sobrescritos compulsoriamente nas subclasses.

Características do código nas subclasses:
- O código escrito nos métodos é de um nível mais alto de especificação ou especialização
- As subclasses são forçadas a sobrescrever os métodos abstratos da superclasse
- Eles podem, opcionalmente, sobrescrever os métodos não abstratos da superclasse
- Se as subclasses sobrescreverem um método não abstrato, elas estão tentando:
    o Implementar métodos com novos recursos
    o Implementar uma nova versão mais concreta ou com um menor nível de abstração
    o Implementar uma nova versão para substituir completamente o código da superclasse

Exemplo de abstração na superclasse: todas as figuras têm lados, os quadriláteros e os triângulos que são retângulos têm em comum a base e a altura.

Exemplo de especialização em uma subclasse: a área do quadrilátero é calculada especificamente da seguinte forma: (base * altura)

Exemplo de especialização em uma subclasse: a área do triângulo- retângulo é calculada especificamente da seguinte forma: ((base * altura) / 2)

Com relação à propriedade de cor das figuras, é responsabilidade dos analistas decidir se a propriedade color será implementada na superclasse ou implementada nas subclasses. O processo de abstração é a tarefa de decidir como as propriedades do problema a ser resolvido serão agrupadas. Será sempre responsabilidade dos analistas e programadores decidir qual o nível de abstração que uma propriedade de um objeto terá.

Durante o processo de desenvolvimento na construção de um produto de software, analistas e programadores participam da solução de um problema separando ou agrupando as propriedades e procedimentos que dão solução ao problema proposto.

A hierarquia de classes é uma construção que ajuda a separar e agrupar as propriedades e procedimentos que definem os objetos que participam da solução de um problema. Em uma hierarquia de classes relacionadas por herança, as classes que têm o papel de superclasses implementarão os aspectos gerais ou mais abstratos do problema a ser resolvido. E as classes que têm o papel de subclasses implementarão os aspectos particulares ou mais concretos da solução proposta.

O gráfico a seguir mostra os conceitos explicados

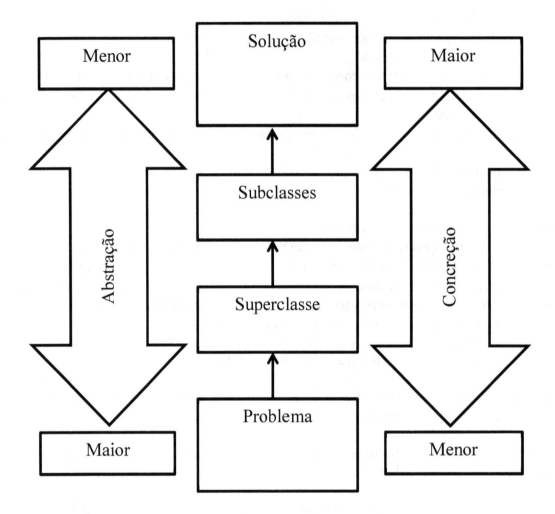

O gráfico a seguir mostra a relação entre o padrão de design e os algoritmos polimórficos

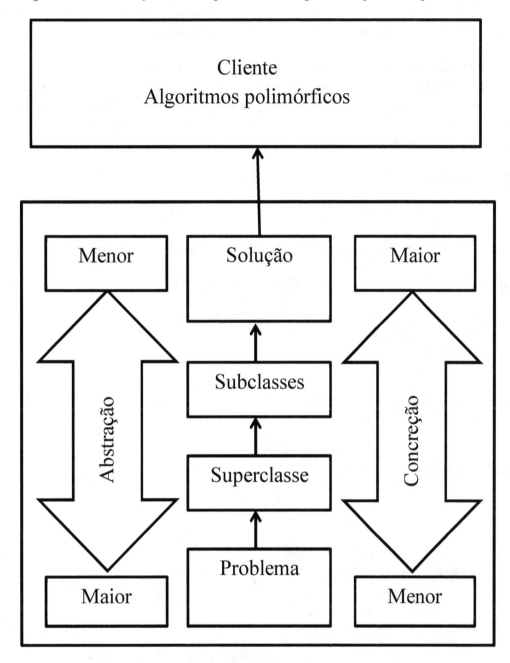

Na programação orientada a objetos o conceito de polimorfismo pode ser utilizado como sinônimo de reutilização, algoritmos polimórficos são as diferentes formas de se utilizar uma solução, por exemplo: se em um padrão de projeto implementa a solução dos movimentos dos personagens de um jogo , os algoritmos polimórficos serão as diferentes formas de usar os movimentos dos personagens.

Nota e detalhe para ter em mente: Alguns problemas têm soluções com um maior nível de abstração, por exemplo: cientistas que estudam galáxias distantes procuram soluções gerais que expliquem os processos cosmológicos.

As seguintes linhas de código implementam uma classe com o nome de: `TrianguloRectangulo{}`, a classe pertence ao pacote chamado `patron`. O pacote chamado `patron` conterá as classes da camada chamada `proveedor`.

Esta classe implementará o nível mais alto de concreção para triângulos que são retângulos. Detalhes do nível de abstração mais alto serão herdados da classe chamada `Figura{}`. Também implementará uma interface de métodos públicos para oferecer os serviços que os clientes exigem. E vai se especializar no cálculo de triângulos que são retângulos, os clientes solicitarão esses serviços enviando mensagens.

```java
package patron;

import java.awt.Color;

public final class TrianguloRectangulo extends Figura {

    private Color color = new Color(0, 0, 0);

    public TrianguloRectangulo(Integer b, Integer a) {
        super(b, a);
        color = Color.green;
    }

    public void setColor(Color color) {
        this.color = color;
    }

    public Color getColor() {
        return color;
    }

    @Override
    public Integer area() {
        return (this.getAltura() * this.getBase()) / 2;
    }

    @Override
    public Integer getAltura() {
        // TODO Implement this method
        return super.getAltura();
    }

    @Override
    public Integer getBase() {
        // TODO Implement this method
        return super.getBase();
    }
}//Fin del cuerpo de la clase TrianguloRectangulo{}
```

Grupo número dois de configurações

No grupo de configurações número dois, as subclasses são declaradas com o modificador: `abstract`. A configuração de subclasses declaradas como abstratas não é recomendada. Certamente, alguns problemas específicos precisam desse tipo de configuração.

No grupo dois, existem duas possibilidades para usar o padrão de design:
- Possibilidade 1: herdar as subclasses abstratas do padrão de design (recomendado)
- Possibilidade 2: declarar referências a instâncias de objetos e instâncias de objetos usando a superclasse (não recomendado)

Na possibilidade número dois: não é possível aplicar o mecanismo de polimorfismo, não é viável diferenciar os tipos de objetos.

Declarar subclasses como classes abstratas é uma situação excepcional e dependerá em grande parte do problema a ser resolvido. É aconselhável tentar, em uma primeira instância, declarar a superclasse com o modificador de classe abstrata.

O que acontece se as subclasses forem declaradas com o modificador de classe abstrata?

Ao declarar uma subclasse com o modificador de classe abstrata, uma restrição muito grande é imposta e o compilador Java dará erros toda vez que um objeto de uma subclasse abstrata for construído. Lembre-se de que não é possível instanciar objetos de uma classe abstrata.

Propriedades da configuração 2

	Crie referências	Crie objetos	
Superclasse	Sim	Sim	Não tem muito uso
Subclasse (`abstract`)	Sim	Não permitido	Erro do compilador (Herdar o padrão de design para ignorar os erros)

As classes que têm a função de cliente do padrão de design não podem usar o padrão de design efetivamente. É aconselhável que as classes que têm a função de cliente do padrão de design herdem o padrão de design.

Muitas das seguintes linhas de código Java gerariam erros do compilador no tempo de design.

```
package app;

import patron.Figura;
import patron.Rectangulo;
import patron.TrianguloRectangulo;

public class Main {

    //Esto no es un error: el compilador podrá crear referencias de clases
    abstractas y no abstractas sin problema
    //El problema radica, más tarde, al momento de crear los objetos de clases
    abstractas con sus respectivos métodos constructores
```

```java
    private static Figura figura = null;
    private static Rectangulo rectangulo = null;
    private static TrianguloRectangulo trianguloRectangulo = null;

    public Main() {
        super();
    }

    public static void main(String[] args) {
        Main main = new Main();

        /////////////////////////////////////
        //Esto no es un error
        //No tiene mucha utilidad crear referencias y objetos de una superclase
        figura = new Figura();

        //Error: no es factible crear objetos de clases abstractas
        figura = new Rectangulo();

        //Error: no es factible crear objetos de clases abstractas
        figura = new TrianguloRectangulo();

        /////////////////////////////////////
        //Error de tipos: no se puede crear referencias de una subclase y
objetos de una superclase
        //Siempre la referencia y el objeto construido deben ser del mismo tipo
        rectangulo = new Figura();

        //Error de tipos: no se puede crear referencias de un tipo y objetos de
otro tipo
        //Siempre la referencia y el objeto construido deben ser del mismo tipo
        //Error: no es factible crear objetos de clases abstractas
        rectangulo = new TrianguloRectangulo();

        //Error: no es factible crear objetos de clases abstractas
        rectangulo = new Rectangulo();

        /////////////////////////////////////
        //Error de tipos: no se puede crear referencias de una subclase y
objetos de una superclase
        //Siempre la referencia y el objeto construido deben ser del mismo tipo
        trianguloRectangulo = new Figura();

        //Error de tipos: no se puede crear referencias de un tipo y objetos de
otro tipo
        //Siempre la referencia y el objeto construido deben ser del mismo tipo
        //Error: no es factible crear objetos de clases abstractas
        trianguloRectangulo = new Rectangulo();

        //Error: no es factible crear objetos de clases abstractas
        trianguloRectangulo = new TrianguloRectangulo();

    }
}
```

Solução para os problemas apresentados pelas subclasses declaradas como abstratas

A solução é herdar as subclasses do padrão de design das classes que possuem a função de cliente. Classes que têm a função de cliente devem herdar o padrão de design.

O seguinte diagrama de classes Java e o código Java associado a esse diagrama mostram como herdar um padrão de design. O código não será comentado, foi comentado nos exemplos anteriores. Recomenda-se que o programador escreva o código em seu IDE favorito.

O segredo está em entender que duas novas classes foram criadas e servem como uma ponte entre a classe que é o cliente e o padrão de design.

Diagrama de classes Java em UML - Configuração 2, possibilidade 1 (Herdar um padrão)

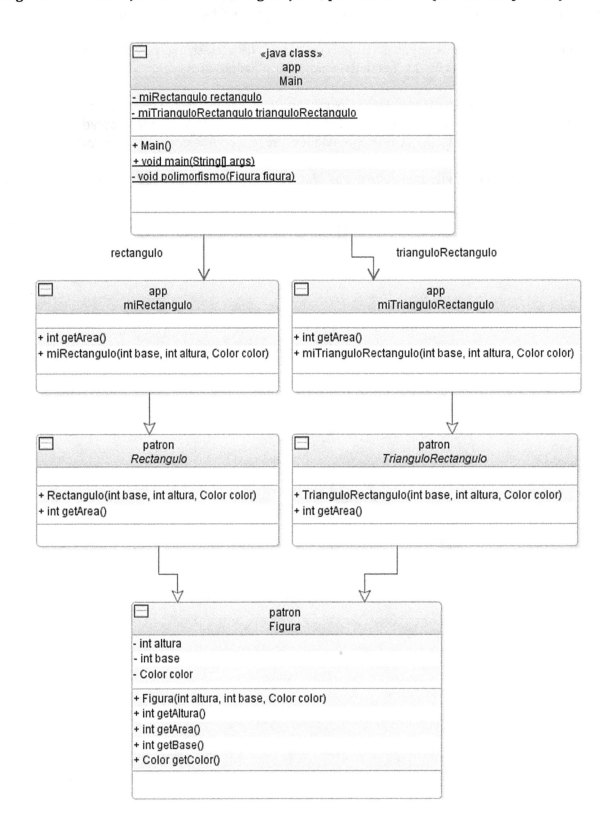

Código fonte da configuração 2, possibilidade 1 (Herdar um padrão)

```java
package app;

import java.awt.Color;

import patron.Figura;

//Clase cliente del patrón de diseño
public class Main {

    //Declaración de las referencias
    private static miRectangulo rectangulo = null;
    private static miTrianguloRectangulo trianguloRectangulo= null;

    public Main() {
        super();
    }

    public static void main(String[] args) {
        Main main = new Main();

        //Apuntar la referencia a un nuevo objeto
        rectangulo = new miRectangulo(3, 4, new Color(128, 128, 128));

        //Invocar al método polimórfico con el argumento del tipo
rectángulo
        polimorfismo(rectangulo);

        //Apuntar la referencia a un nuevo objeto
        trianguloRectangulo =    new miTrianguloRectangulo(5, 6, new
Color(128, 128, 128));

        //Invocar al método polimórfico con el argumento del tipo
triángulo rectángulo
        polimorfismo(trianguloRectangulo);

    }

    //Este método es polimórfico por sobrecarga del argumento en el
parámetro
    private static void polimorfismo(Figura figura) {
        //Este algoritmo es polimórfico ya que su comportamiento
depende del argumento en el parámetro
        //La JVM en tiempo de ejecución decidirá qué método ejecutará
dependiendo del tipo de argumento
        System.out.println("Tipo:  " + figura.getClass().getName());
//obtener el tipo
        System.out.println("  Base: " + figura.getBase());
        System.out.println("  Altura: " + figura.getAltura());
        System.out.println("  Color: " + figura.getColor());
        System.out.println("  Área: " + figura.getArea());
    }
```

```java
}

package app;

import java.awt.Color;

import patron.Rectangulo;

//Clase puente a una clase abstracta
public class miRectangulo extends Rectangulo {

    public miRectangulo(int base, int altura, Color color) {
        super(base, altura, color);
    }

    //Sobrescribir los métodos a especializar o renunciados por la
superclase
    @Override
    public int getArea() {
        // TODO Implement this method
        //Implementar código especializado o de mayor nivel de concreción
        //Si no se desea implementar nuevo código, invocar el código
implementado en la superclase
        return super.getArea();
    }

}

package app;

import java.awt.Color;

import patron.TrianguloRectangulo;

//Clase puente a una clase abstracta
public class miTrianguloRectangulo extends TrianguloRectangulo {

    public miTrianguloRectangulo(int base, int altura, Color color) {
        super(base, altura, color);
    }

    //Sobrescribir los métodos a especializar o renunciados por la
superclase
    @Override
    public int getArea() {
        // TODO Implement this method
        //Implementar código especializado o de mayor nivel de concreción
        //Si no se desea implementar nuevo código, invocar el código
implementado en la superclase
        return super.getArea();
    }

}
```

```java
package patron;

import java.awt.Color;

//Esta clase es accedida por las clases clientes en tiempo de diseño
//Esta clase es accedida por las subclases en tiempo de ejecución
public class Figura {
    //estructura de datos de mayor nivel de abstracción, datos en común
para todas las figuras
    private int altura = 0, base = 0;
    private Color color = null;

    //interfaz de construcción de objetos
    public Figura(int altura, int base, Color color) {
        super();
        this.altura = altura;
        this.base = base;
        this.color = color;
    }

    //Los siguientes métodos tienen acceso a la estructura de datos
    public int getAltura() {
        return altura;
    }

    public int getBase() {
        return base;
    }

    public Color getColor() {
        return color;
    }
    //Este método será sobrescrito en las subclases
    public int getArea() {
        //Las subclases, especializadas, se harán cargo del cálculo del
área para cada tipo de figura
        return 0; //Yo renuncio a implementar el cálculo del área de las
figuras
    }
}

package patron;

import java.awt.Color;

//Una clase abstracta puede tener o no tener métodos abstractos
public abstract class Rectangulo extends Figura {

    public Rectangulo(int base, int altura, Color color) {
        super(base, altura, color);
    }

    //Sobrescribir los métodos a especializar o renunciados por la
superclase
```

```
    @Override
    public int getArea() {
        // TODO Implement this method

        //Implementar código especializado o de mayor nivel de concreción

        return super.getBase() * super.getAltura();
    }
}

package patron;

import java.awt.Color;

//Una clase abstracta puede tener o no tener métodos abstractos
public abstract class TrianguloRectangulo extends Figura {

    public TrianguloRectangulo(int base, int altura, Color color) {
        super(base, altura, color);
    }

    //Sobrescribir  los  métodos  a  especializar  o  renunciados  por  la
superclase
    @Override
    public int getArea() {
        // TODO Implement this method

        //Implementar código especializado o de mayor nivel de concreción

        return (super.getBase() * super.getAltura()) / 2;
    }

}
```

Fim do capítulo I - "Como usar classes abstratas na herança de classes"

Resumo dos tópicos mais importantes do Capítulo I

Qual o papel das declarações de métodos abstratos em uma superclasse?

As declarações de métodos abstratos nas superclasses são contratos que as subclasses devem respeitar e implementar no código Java. Quando uma superclasse declara métodos abstratos, as subclasses são forçadas a sobrescrever e implementar os métodos abstratos.

O que acontece se uma subclasse renunciar ao contrato e não sobrescrever os métodos abstratos?

A subclasse não pode renunciar, deve escrever sobre os métodos abstratos.

O que acontece se uma subclasse sobrescrever o método abstrato, mas renunciar à implementação do código ausente?

Sim, a subclasse pode renunciar. O código em falta estará esperando por outra classe para implementá-lo.

Existem três tipos de relacionamentos entre classes em Java:
1. Herança: usando a palavra-chave "`extends`", é quando uma classe é estendida de outra classe. (é uma relação de extensão entre classes).
2. Tem: usando a palavra-chave "`new`", é quando uma classe cria uma instância de objeto usando o método construtor de outra classe. (relação de pertencimento, uma classe tem uma instância de objeto)
3. Faz parte: usar a palavra-chave "`interface`" é quando uma classe faz parte de outra classe. (relação de composição).

O tópico das classes que são interfaces será discutido no Capítulo II.

Em qualquer um dos três tipos de relacionamentos, é possível sobrescrever os métodos.

Este é um exemplo em que um método foi sobrescrito na criação de uma instância de objeto:

```
unaFigura = new Rectangulo(6, 8){
    @Override
    public Integer area() {
        // TODO Implement this method
        //return super.area(); //renunciar al código de la
subclase
        //Implementar nuevo código
        return this.getAltura() * this.getBase();
    }
};
```

O que significa sobrescrever um método?

Sempre envolverá especializar ou elevar o nível de concretude de uma solução para um problema proposto. É opcional escrever ou não escrever código Java no corpo de um método sobrescrito.
- Se o método for declarado como abstrato: a implementação do código Java será deixada para mais tarde no desenvolvimento de um produto de software.
- Se o método não for abstrato: o código implementado no corpo do método será uma nova versão do código existente.
- Sobrescrever um método envolverá mudanças em:
  - A resposta
  - O comportamento

A importância de declarar os métodos com o modificador de acesso público: `public`

Sobrescrever métodos públicos é uma forma apropriada de comunicação entre classes que formam árvores de herança. Os envios de mensagens são usados para percorrer árvores hierárquicas. O ato de sobrescrever métodos públicos é uma forma de relacionar classes enviando mensagens. O nome do método é a mensagem, os argumentos dos parâmetros são o conteúdo da mensagem. As respostas da mensagem são o "`return`" do método, e o algoritmo implementado no corpo do método é o comportamento esperado. O comportamento esperado depende do algoritmo e dos argumentos dos parâmetros. Por definição, o polimorfismo é para alcançar diferentes comportamentos, dependendo dos argumentos do parâmetro.

Se o mecanismo do polimorfismo tiver sido aplicado corretamente, o código implementado foi reutilizado. A reutilização de código é um dos objetivos da programação orientada a objetos.

Estrutura de uma declaração de mensagem		
Tipo de retorno ou resposta	Nome do método ou mensagem	Conteúdo da mensagem: são os argumentos dos parâmetros
`public Integer`	`areaRectangulo`	`(Integer base, Integer altura) {`
`    return (base * altura); //algoritmo o comportamiento`		
`}`		

Classes que pretendem receber mensagens devem declarar métodos públicos, classes que implementam métodos públicos podem receber mensagens e executar um algoritmo dependendo do conteúdo enviado nos argumentos do parâmetro. Para enviar uma mensagem, é necessário instanciar um objeto de uma classe que tenha declarado a estrutura de uma mensagem.

Exemplo de envio de uma mensagem:
```
NombreClasa objeto = new NombreClase();//crear un objeto
Integer respuesta = objeto.areaRectangulo(4, 5);//enviar un mensaje
System.out.println("Área = " + respuesta);//imprimir la respuesta
```

Descrição da mensagem:
- Tipo de resposta: um inteiro
- Nome da mensagem: areaRectangulo
- Conteúdo da mensagem: base = 4, altura = 5
- Mensagem de resposta: 20
- Comportamento esperado: calcular a área de um retângulo

A importância dos métodos que são sobrescritos: Quando uma classe sobrescreve os métodos de outra classe, ela está tentando se comunicar com ela para enviar mensagens e obter uma resposta. A maneira de substituir a resposta de uma mensagem é sobrescrever a mensagem e implementar um novo algoritmo.

Se uma classe é declarada abstrata, ela deve necessariamente ser herdada por outra classe para ter a possibilidade de sobrescrever seus métodos abstratos.

Quando sobrescrevendo métodos abstratos:
1. Quando a palavra-chave é usada: "`extends`" (relação: extensão, herança)
2. Quando a palavra-chave é usada: "`implements`" (relação: agregação)
3. Quando a palavra chave é usada: "`new`" (relação: composição)

Métodos que não foram declarados como abstratos também podem ser sobrescritos usando a tag `@Override`, não é obrigatório sobrescrever métodos não abstratos.

Capítulo II

Como usar as classes que são do tipo Interface na relação de herança entre classes?

Grupo número três de configurações

No grupo número três de configurações as superclasses implementam a interface com protótipos de métodos abstratos, dentro deste grupo existem duas configurações. A configuração número um cria as referências de objetos usando as superclasses e a criação dos objetos usando as subclasses. A segunda configuração cria as referências de objetos e objetos usando as subclasses.

Este grupo não tem restrições, é possível criar referências a objetos e criar objetos usando os construtores das subclasses e da superclasse indistintamente.

O uso de classes abstratas possui muitas restrições em relação ao uso de interfaces, o uso de interfaces permite maior flexibilidade ao utilizar o padrão de design pelas classes que possuem o papel de clientes.

Propriedades do grupo três:

	Crie referências	Crie objetos
Superclasse (interface)	Sim	Sim
Subclase	Sim	Sim

As configurações desse grupo formam uma arquitetura adequada para construir um padrão de design com base no relacionamento de herança entre as classes.
1. Configuração 3.1: referências são declaradas usando superclasses. E os objetos são declarados usando as subclasses.
2. Configuração 3.2: Referências e os objetos são declarados utilizando subclasses.

O que é uma interface?

Uma interface é uma classe especial que tem todos os seus métodos declarados como abstratos. Você também pode declarar, no corpo da interface, os campos que serão constantes.

Uma interface, em Java, é uma coleção de métodos abstratos e campos constantes.

Papel das interfaces no desenvolvimento de um produto de software:
- Especifica: o que deve ser feito para solucionar um problema?
- Não especifica: Como resolver um problema?

As interfaces são usadas durante a fase de análise no desenvolvimento de um produto de software. As classes que implementam essas interfaces escrevem a lógica do comportamento dos métodos abstratos.

O uso de interfaces Java oferece os seguintes benefícios:
- Ajuda no processo de abstração no processo de análise do problema a ser resolvido

- Permite organizar o sistema em módulos.
- Estabelece relações de composição entre partes de software, que podem implementar mais de uma interface por classe.

Classes que implementam uma ou mais interfaces são obrigadas a sobrescrever todos os métodos declarados nas interfaces.

Exemplo de uma declaração de interface:

```
public abstract interface circulo {
    //superficie = pi * radio^2      //módulo de cálculo
    //perimetro = 2 * pi * radio     //módulo de cálculo
    public static float pi = 3.14f;  //campo constante
    public static float pi2 = 6.28f; //campo constante
    public  abstract  float  superficieCirculo(int  radio);  //método
    abstracto
    public  abstract  float  perimetroCirculo(int  radio);   //método
    abstracto
}
public abstract interface Figura {
    public static String tipoFigura = "anguloRecto"; //campo constant.
    public  abstract  int  calcularArea(int  base,  int  altura);  //método
    abstracto.
}
```

A imagem a seguir mostra o processo de abstração da solução de um problema.

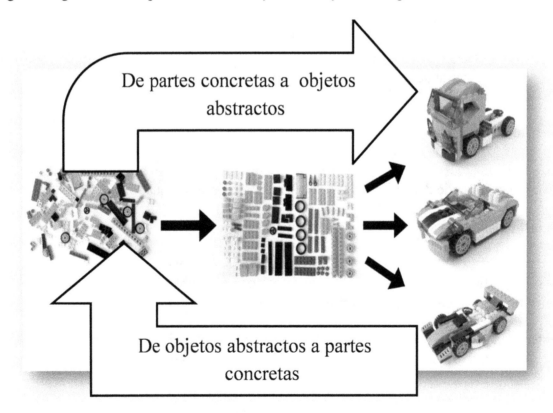

Os analistas adoram as declarações das interfaces, depois os designers e os programadores serão obrigados a implementar os módulos definidos pelos analistas de sistemas de informação.

As interfaces são o nível mais alto de abstração possível no processo de construção de um produto de software, pois podem especificar os requisitos dos usuários. A edição dos requisitos do usuário é a primeira tarefa a ser executada. Os designers e programadores devem especificar, posteriormente, os algoritmos que solucionam os problemas levantados.

Configuração 3.1 - Criando as referências de objetos usando a superclasse e a criação dos objetos usando as subclasses.

Na configuração 3.1, duas restrições são introduzidas que forçam a arquitetura a funcionar adequadamente e também fazem bom uso do padrão de design baseado na herança entre as classes.

Propriedades da configuração 3.1

	Crie referências	**Crie objetos**
Superclasse (interface)	Sim	X(Restrição)
Subclase	X(Restrição)	Sim

Esta configuração tem duas variantes:
3. Criando uma referência usando a superclasse e muitos objetos usando as subclasses (consome pouca memória, o coletor de lixo tem muito trabalho).
4. Criando muitas referências usando a superclasse e um objeto para cada referência usando as subclasses (consome mais memória, o coletor de lixo tem pouco trabalho).

Características da configuração 3.1 - variante 1: uma referência e muitos objetos

Características:
- Uma referência.
- Muitos objetos, mas apenas um objeto na memória.
- Atribuição dinâmica da referência a novos objetos.
- Pouco consumo de memoria.
- O coletor de lixo JVM tem muito trabalho limpando os objetos não referenciados.

Diagrama de classes Java em UML para configuração 3.1 - variante 1: uma referência e muitos objetos

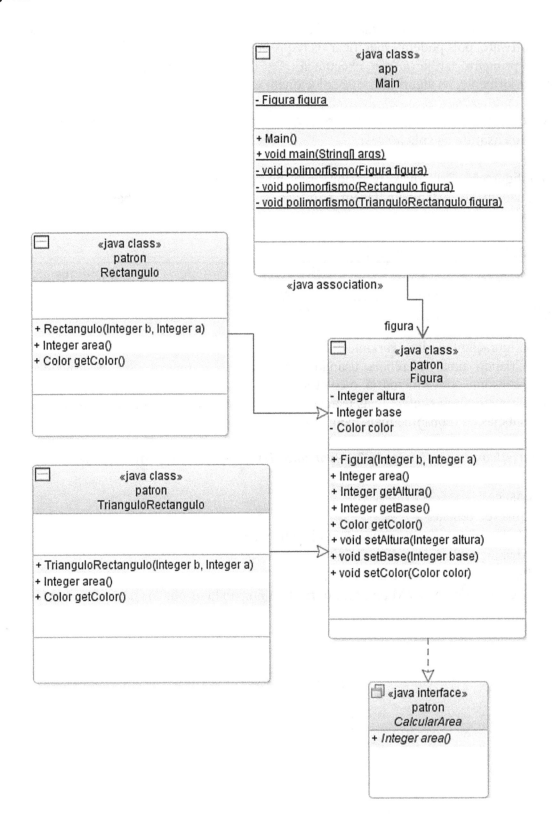

Código fonte para configuração 3.1 - variante 1

```java
package app;

import patron.Figura;
import patron.Rectangulo;
import patron.TrianguloRectangulo;

public class Main {

    private static Figura figura = null;
    public Main() {
        super();
    }

    public static void main(String[] args) {
        Main main = new Main();

        System.out.println("Polimorfismo dinámico, una referencia muchos
objetos, con recolector de basura");

        figura = new Rectangulo(3, 4);
        polimorfismo(figura);
        figura = new TrianguloRectangulo(5, 4);
        polimorfismo(figura);
    }

    //Método polimórfico o sobrecargado por el argumento del parámetro
    //El parámetro acepta tipos de argumentos distintos
    //En algunas ocasiones el argumento es del tipo rectángulo
    //  y en otras es del tipo triángulo rectángulo
    private static void polimorfismo(Figura figura) {

        //Líneas polimórficas, tienen comportamiento distinto dependiendo
de la figura
        //El   compilador   Java   decide   que   comportamiento   ejecutar
dependiendo del tipo de argumento

        System.out.println(figura.getClass().getName());
        if(figura.area()>10)
          System.out.println("  Color = " + figura.getColor());
        System.out.println("  Altura = " + figura.getAltura());
        System.out.println("  Base = " + figura.getBase());
        System.out.println("  Área = " + figura.area());
    }

    private static void polimorfismo(Rectangulo figura) {
        //acceder a los métodos de Rectangulo{}, si es necesario

    }
    private static void polimorfismo(TrianguloRectangulo figura) {
        //acceder a los métodos de TrianguloRectangulo{}, si es necesario

    }
```

```java
}//Fin del cuerpo de la clase Main{}

package patron;

public interface CalcularArea {
    //agregar todas las obligaciones de implementación para la clase
Figura{}

    public Integer area();

}

package patron;

import java.awt.Color;

public class Figura implements CalcularArea {
    private Integer altura = 0;
    private Integer base = 0;
    private Color color = null;

    public Figura(Integer b, Integer a) {
        base = b; altura = a;
        //super();
    }
    public void setAltura(Integer altura) {
        this.altura = altura;
    }

    public void setBase(Integer base) {
        this.base = base;
    }

    public Integer getAltura() {
        return altura;
    }

    public Integer getBase() {
        return base;
    }

    public void setColor(Color color) {
        this.color = color;
    }

    public Color getColor() {
        return color;
    }

    @Override
    public Integer area() {

if(this.getClass().getName().equalsIgnoreCase(Rectangulo.class.getName())
) {
```

```
                return altura * base;
            }else{
                return (altura * base) / 2;
            }

        }//fin del método abstracto sobrescrito

}//fin de la declaración de la clase Figura{}

package patron;

import java.awt.Color;

public class Rectangulo extends Figura {

    public Rectangulo(Integer b, Integer a) {
        super(b, a);//invocar al constructor de la clase Figura{}
        super.setColor(new   Color(Color.orange.getRGB()));//invocar   al
método setColor() de la clase Figura{}
    }

    /////////////////////////
    //sobrescribir todos los métodos de la clase Figura{} si es necesario
    /////////////////////////

    @Override
    public Color getColor() {
        // TODO Implement this method
        return super.getColor();
    }

    @Override
    public Integer area() {
        // TODO Implement this method
        //Opción 1: La clase Rectangulo{} implementa su propio
        //  algoritmo del cálculo del área
        //return super.getAltura() * super.getBase();

        //Opción 2: La clase Rectangulo{} invoca
        //  al algoritmo del cálculo del área de la superclase Figura{}
        return super.area();
    }
}

package patron;

import java.awt.Color;

public class TrianguloRectangulo extends Figura {

    public TrianguloRectangulo(Integer b, Integer a) {
        super(b, a);
        super.setColor(new Color(Color.green.getRGB()));
```

```
}

//////////////////////////
//sobrescribir todos los métodos de Figura si es necesario
//////////////////////////

@Override
public Color getColor() {
    // TODO Implement this method
    return super.getColor();
}

@Override
public Integer area() {

    // TODO Implement this method
    //Opción 1: La clase TrianguloRectangulo{} implementa su propio
    //  algoritmo del cálculo del área

    return (super.getAltura() * super.getBase()) / 2;

    //Opción 2: La clase TrianguloRectangulo{} invoca
    //  al algoritmo de calcular el área de la superclase Figura
    //return super.area();

}

}
```

Explicação das linhas de código mais relevantes, referentes à configuração 3.1 - variante 1

```
package app;

import patron.Figura;
import patron.Rectangulo;
import patron.TrianguloRectangulo;

public class Main {
```

Declaração da referência chamada `figura`. Esta referência é criada usando a superclasse chamada `Figura{}` e apontará para uma instância de objeto criada pela subclasse: `Rectangulo{}` ou `TrianguloRectangulo{}`.

```
    private static Figura figura = null;

    public Main() {
        super();
    }

    public static void main(String[] args) {

        Main main = new Main();

        System.out.println("Polimorfismo    dinámico,    una    referencia    muchos
objetos, con recolector de basura");
```

A próxima linha de código irá criar um novo objeto usando o construtor chamado `Rectangulo()`.

```
        figura = new Rectangulo(3, 4);
```

O código a seguir executará o método polimórfico chamado `polimorfismo(¿...?)`. O parâmetro do método é do tipo de figura. E o argumento é do tipo retângulo. A atribuição do tipo no argumento em tempo de execução é conhecida como polimorfismo dinâmico.

```
        polimorfismo(figura);
```

A referência chamada figura é apontada para um novo objeto. O novo objeto é criado pelo construtor chamado `TrianguloRectangulo()`. O objeto do tipo retângulo não tem mais uma referência válida. O coletor de lixo da JVM deve limpar os objetos não referenciados.

```
        figura = new TrianguloRectangulo(5, 4);
```

O código a seguir executará o método polimórfico chamado `polimorfismo(¿...?)`. O parâmetro do método é do tipo de figura. E o argumento é do tipo de triângulos que são retângulos. A atribuição do tipo no argumento em tempo de execução é conhecida como polimorfismo dinâmico. Qualquer linha de código Java que use uma referência polimórfica será, por extensão, um código polimórfico.

```
        polimorfismo(figura);

    }
```

O código a seguir é a declaração do método polimórfico chamado `polimorfismo()`, os métodos polimórficos dinâmicos são caracterizados por ter parâmetros de um tipo e os argumentos de outro tipo. O parâmetro é do tipo figura e os argumentos podem ser do tipo retângulo e do tipo retângulo-triângulo. Os métodos polimórficos dinâmicos possuem algoritmos polimórficos, os algoritmos polimórficos caracterizam-se por invocar diferentes comportamentos dependendo do argumento do parâmetro. Métodos polimórficos dinâmicos enviam mensagens para classes que têm o papel de provedores de comportamento. As classes que têm o papel de clientes implementam algoritmos polimórficos e as classes que têm o papel de provedores implementam algoritmos de comportamento especializados. A principal característica dos algoritmos dinâmicos polimórficos é que seu comportamento e o envio de mensagens são definidos em tempo de execução.

```
    //Método polimórfico o sobrecargado por el argumento del parámetro
    //El parámetro acepta tipos de argumentos distintos
    //En algunas ocasiones el argumento es del tipo rectángulo
    //  y en otras es del tipo triángulo rectángulo

    private static void polimorfismo(Figura figura) {

        //Líneas polimórficas, tienen comportamiento distinto dependiendo de la
figura
        //El compilador Java decide que comportamiento ejecutar dependiendo del
tipo de argumento
```

```
        System.out.println(figura.getClass().getName());
        if(figura.area()>10)
           System.out.println("  Color = " + figura.getColor());
        System.out.println("  Altura = " + figura.getAltura());
        System.out.println("  Base = " + figura.getBase());
        System.out.println("  Área = " + figura.area());

    }
```

O código a seguir está correto e demonstra que é possível sobrecarregar o parâmetro do método chamado `polimorfismo()` com dois tipos diferentes de argumentos.

```
    private static void polimorfismo(Rectangulo figura) {
        //acceder a los métodos de Rectangulo{}, si es necesario

    }
    private static void polimorfismo(TrianguloRectangulo figura) {
        //acceder a los métodos de TrianguloRectangulo{}, si es necesario

    }
}//Fin del cuerpo de la clase Main{}
```

Notas importantes:

Métodos polimórficos e algoritmos polimórficos devem ser implementados em classes que são clientes de um padrão de design.

Os algoritmos especializados devem ser implementados no padrão de design, o padrão de design é construído pelas classes relacionadas por herança.

As classes que têm o papel de clientes se beneficiam da implementação de algoritmos com base no envio de mensagens, reduzindo seu código e reutilizando linhas de código.

O padrão de design decidirá qual algoritmo especializado será executado, dependendo dos parâmetros e argumentos da mensagem recebida.

```
package patron;
```

```
import java.awt.Color;
```

O código a seguir é a declaração da superclasse denominada `Figura{}`, a superclasse implementará uma interface denominada `CalcularArea{}`.

```
public class Figura implements CalcularArea {
```

```
    private Integer altura = 0;
    private Integer base = 0;
    private Color color = null;
```

Os métodos a seguir são a interface pública para acessar os campos privados da classe `Figura{}`.

```
    public Figura(Integer b, Integer a) {
```

```
        base = b; altura = a;
        //super();
    }
    public void setAltura(Integer altura) {
        this.altura = altura;
    }

    public void setBase(Integer base) {
        this.base = base;
    }

    public Integer getAltura() {
        return altura;
    }

    public Integer getBase() {
        return base;
    }

    public void setColor(Color color) {
        this.color = color;
    }

    public Color getColor() {
        return color;
    }
```

Sobrescribir el método abstracto `area()` heredado desde la clase interfaz llamada `CalcularArea{}`, el método `area()` puede implementar los algoritmos especializados para cada subclase. Si las subclases son muchas la superclase `Figura{}` puede renunciar a escribir los códigos Java especializados y dejar que cada subclase implemente sus propios algoritmos.

Los programadores pueden decidir escribir algoritmos especializados en las subclases o en la superclase, depende de las decisiones de los programadores o del problema que se quiera resolver.

O código a seguir é a declaração que sobrescreve o método abstrato chamado `area()`, o método abstrato foi declarado na interface chamada `CalcularArea{}`, o método que sobrescreve pode implementar os algoritmos especializados para cada subclasse. Se as subclasses forem muitas, a superclasse denominada `Figura{}` pode desistir de escrever código Java especializado e permitir que cada subclasse implemente seus próprios algoritmos. Normalmente, as subclasses são responsáveis por sobrescrever métodos abstratos e implementar algoritmos com maior nível de detalhamento.

Os programadores podem decidir escrever os algoritmos especializados nas subclasses ou na superclasse, é recomendado escrever o código especializado nas subclasses.

Para executar o código Java implementado em uma superclasse, as subclasses podem usar as seguintes palavras-chave Java: `super` e `this`.

Para executar o código Java implementado em uma subclasse ou em uma superclasse, as classes que possuem a função de cliente usarão as seguintes opções:
- Análise do tipo de objeto pela JVM, em tempo de execução. (polimorfismo dinâmico)
- Análise do tipo de objeto pelo JDK, em tempo de design. (polimorfismo estático)

```
    @Override
    public Integer area() {

  if(this.getClass().getName().equalsIgnoreCase(Rectangulo.class.getName())) {
            return altura * base;
        }else{
            return (altura * base) / 2;
        }

    }//fin del método abstracto sobrescrito

}//fin de la declaración de la clase Figura{}
```

O código a seguir é a declaração da subclasse denominada `Rectangulo{}`. A subclasse herdou membros da superclasse denominada `Figura{}`.

A subclasse sobrescreve o método abstrato, pela segunda vez, chamado `area()`. O método abstrato foi implementado na superclasse `Figura{}`, a classe `Rectangulo{}` tem a oportunidade de implementar seu próprio algoritmo ou invocar o algoritmo já implementado na classe `Figura{}`.

```
package patron;

import java.awt.Color;

public class Rectangulo extends Figura {

    public Rectangulo(Integer b, Integer a) {

        super(b, a);//invocar el constructor de la clase Figura{}
        super.setColor(new  Color(Color.orange.getRGB()));//invocar   el   método
    setColor() de la clase Figura{}

    }

    ////////////////////////
    //sobrescribir todos los métodos de la clase Figura{}, si es necesario
    ////////////////////////

    @Override
    public Color getColor() {
        // TODO Implement this method
        return super.getColor();
    }

    @Override
    public Integer area() {

        // TODO Implement this method
        //Opción 1: La clase Rectangulo{} implementa su propio
        //  algoritmo del cálculo del área

        //return super.getAltura() * super.getBase();

        //Opción 2: La clase Rectangulo{} invoca
        //  el algoritmo del cálculo del área de la superclase Figura{}
        return super.area();
```

```
    }

}
```

La clase `TrianguloRectangulo{}` sobrescribe el método `area()` implementado en la clase `Figura{}`, la clase `TrianguloRectangulo{}` tiene la oportunidad de implementar su propio algoritmo o invocar al algoritmo ya implementado en la clase `Figura{}`.

Los programadores pueden decidir escribir algoritmos especializados en las subclases o en la superclase, depende de las decisiones de los programadores o del problema que se quiera resolver.

O código a seguir é a declaração da subclasse denominada `TrianguloRectangulo{}`. A subclasse herdou membros da superclasse denominada `Figura{}`.

A subclasse sobrescreve o método abstrato, pela segunda vez, chamado `area()`. O método abstrato foi implementado na superclasse `Figura{}`, a classe `TrianguloRectangulo{}` tem a oportunidade de implementar seu próprio algoritmo ou invocar o algoritmo já implementado na classe `Figura{}`.

```java
package patron;

import java.awt.Color;

public class TrianguloRectangulo extends Figura {
    public TrianguloRectangulo(Integer b, Integer a) {

        super(b, a); //invocar el constructor de la clase Figura{}
        super.setColor(new   Color(Color.green.getRGB()));//invocar   el   método
setColor() de la clase Figura{}

    }

    ///////////////////////////
    //sobrescribir todos los métodos de la clase Figura{}, si es necesario
    ///////////////////////////

    @Override
    public Color getColor() {
        // TODO Implement this method
        return super.getColor();
    }

    @Override
    public Integer area() {
        // TODO Implement this method
        //Opción 1: La clase TrianguloRectangulo{} implementa su propio
        //  algoritmo del cálculo del área

        return (super.getAltura() * super.getBase()) / 2;

        //Opción 2: La clase TrianguloRectangulo{} invoca
        //  el algoritmo de calcular el área de la superclase Figura{}
        //return super.area();
```

```
        }
}
```

As seguintes linhas de código são a declaração da interface com o nome de `CalcularArea{}`, essa interface irá declarar os protótipos de métodos abstratos. A instrução a seguir: `public Integer area();` é a declaração de um protótipo de um método abstrato. Métodos abstratos não têm corpo para implementar o código Java.

```
package patron;

public interface CalcularArea {
//agregar todas las obligaciones de implementación para la clase Figura{}

    public Integer area(); //método abstracto
}
```

A classe que tem o papel de superclasse na hierarquia de herança é obrigada a implementar o método abstrato chamado `area()`. A interface `CalcularArea{}` é um contrato que a superclasse `Figura{}` deve cumprir.

O contrato declarado pela interface `CalcularArea{}` poderia ter mais obrigações para a superclasse denominada `Figura{}`. Por exemplo:

```
package patron;

public interface CalcularArea {
    //agregar todas las obligaciones de implementación para la clase Figura{}

    public Integer area(); //método abstracto

    public void setColor(Color color); //nuevo contrato

    public Color getColor();  //nuevo contrato
}
```

Nota: Na declaração das interfaces, normalmente é omitido: o uso do modificador de acesso `static` e a palavra-chave `abstract`.

O código a seguir não omite o uso de palavras-chave: `static` e `abstract`.

```
public abstract interface circulo {
    //superficie = pi * radio^2      //módulo de cálculo
    //perimetro = 2 * pi * radio      //módulo de cálculo
    public static float pi = 3.14f;  //campo constante y global
    public static float pi2 = 6.28f; //campo constante y global
    public abstract float superficieCirculo(int radio);  //método
abstracto
    public abstract float perimetroCirculo(int radio);    //método
abstracto
}
```

Diagrama UML em Java para configuração 3.1 - variante 2: muitas referências e um objeto por referência

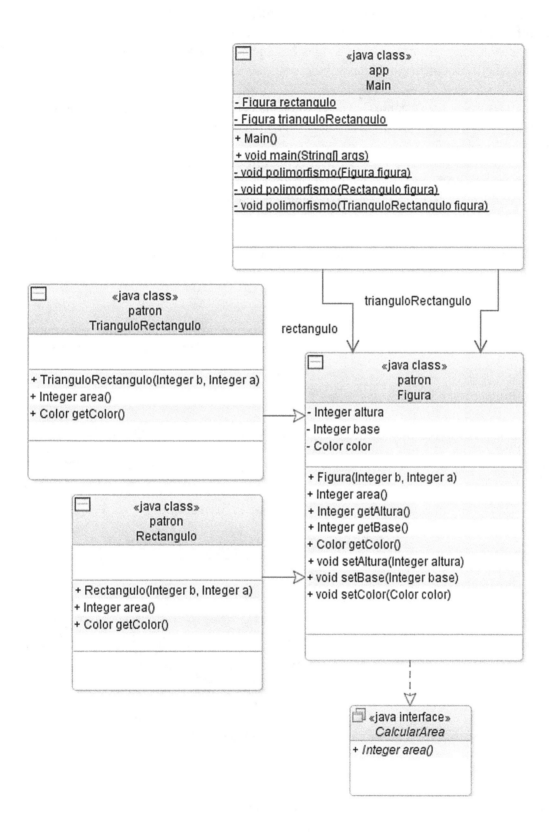

Características da configuração 3.1 - variante 2: muitas referências e um objeto por referência

Na configuração 3.1 variante 2 são criadas duas referências utilizando a superclasse `Figura {}`, estas referências possuem o nome de `rectangulo` e `trianguloRectangulo`. As referências são apontadas, respectivamente, para duas instâncias de objetos. Esses objetos são instanciados usando os métodos construtores das subclasses: `Rectangulo{}` e `TrianguloRectangulo{}`

A tarefa ou estratégia da variante 2 é criar todas as referências e objetos no início do aplicativo e deixá-los permanecer na memória durante toda a execução do aplicativo.

A variante 2 permite reduzir a criação de objetos em tempo de execução. Nesta técnica, o uso do microprocessador é reduzido, mas a quantidade de memória usada aumenta. O coletor de lixo da JVM tem pouco trabalho, já que não há objetos não referenciados no tempo de execução.

Os programadores devem decidir entre a variante 1 ou a variante 2, dependendo dos requisitos do sistema e do problema a ser resolvido.

Código fonte para configuração 3.1 - variante 2

As linhas de código a seguir pertencem à camada que tem a função de cliente, pois é a camada que sofreu as modificações da variante 2. O restante do código-fonte é idêntico à variante 1.

```
package app;

import patron.Figura;
import patron.Rectangulo;
import patron.TrianguloRectangulo;

public class Main {
```

Declaração das referências necessárias para configuração 3.1 variante 2

```
    private static Figura rectangulo = null;
    private static Figura trianguloRectangulo = null;

    public Main() {
        super();
    }
    public static void main(String[] args) {
        Main main = new Main();
        System.out.println("Pilimorfismo dinámico, una referencia por objeto,
sin recolector basura");
```

A próxima linha de código cria um novo objeto na memória usando o construtor chamado `Rectangulo()`, esse objeto será apontado pela referência chamada `rectangulo`.

```
        rectangulo = new Rectangulo(3, 4);
```

O código a seguir executa o método polimórfico chamado `polimorfismo()`, com o argumento do tipo retângulo.

```
        polimorfismo(rectangulo);
```

A próxima linha de código cria um novo objeto na memória usando o construtor chamado `TrianguloRectangulo()`, esse objeto será apontado pela referência chamada `trianguloRectangulo`.

```
trianguloRectangulo = new TrianguloRectangulo(5, 4);
```

O código a seguir executa o método polimórfico chamado `polimorfismo()`, com o argumento do tipo de triângulos que são retângulos.

```
polimorfismo(trianguloRectangulo);
    }
```

As seguintes linhas de código são a declaração do método polimórfico dinâmico chamado `polimorfismo()`, métodos polimórficos dinâmicos são caracterizados por ter parâmetros de um tipo e argumentos de outro tipo. O parâmetro representa as figuras de maneira genérica. Os argumentos do parâmetro podem ser do tipo particular: retângulo e triângulo retângulo. Os métodos polimórficos que são dinâmicos possuem algoritmos polimórficos que também são dinâmicos, os algoritmos polimórficos que são dinâmicos são caracterizados pela invocação de diferentes comportamentos dependendo do argumento do parâmetro. Métodos polimórficos que são dinâmicos enviam mensagens para classes que têm o papel de provedores. As classes que têm o papel de clientes implementam algoritmos que são polimórficos e as classes que têm o papel de provedores implementam algoritmos comportamentais que são especializados. A principal característica dos algoritmos que são polimórficos é que seu comportamento e o envio de mensagens são definidos em tempo de execução.

```
//Método polimórfico o sobrecargado por el argumento del parámetro
//El parámetro acepta tipos de argumentos distintos
//En algunas ocasiones el argumento es del tipo rectángulo
//  y en otras es del tipo triángulo rectángulo
private static void polimorfismo(Figura figura) {
    //Líneas polimórficas, tienen comportamiento distinto dependiendo de la
figura
    //El compilador Java decide que comportamiento ejecutar dependiendo del
tipo de argumento
    System.out.println(figura.getClass().getName());
    if(figura.area()>10)
      System.out.println("  Color = " + figura.getColor());
    System.out.println("  Altura = " + figura.getAltura());
    System.out.println("  Base = " + figura.getBase());
    System.out.println("  Área = " + figura.area());
  }
```

O código a seguir está correto e demonstra que é possível sobrecarregar o parâmetro do método `polimorfismo()` com dois tipos diferentes de argumentos.

```
//    private static void polimorfismo(Rectangulo figura) {
//        //acceder a los métodos de la clase Rectangulo{}, si es necesario
//
//    }
//    private static void polimorfismo(TrianguloRectangulo figura) {
```

```
//              //acceder a los métodos de la clase TrianguloRectangulo{}, si es
   necesario
//
//      }
}//Fin del cuerpo de la clase Main{}
```

Nota importante:

Métodos e algoritmos que são polimórficos devem ser implementados nas classes que são clientes do padrão de design, o padrão de design é uma hierarquia de classes relacionadas por meio de herança. Algoritmos que são especializados devem ser implementados no padrão de design. Os programadores responsabilizarão as subclasses ou a superclasse da implementação dos algoritmos especializados. As classes que têm o papel de clientes se beneficiam da implementação dos algoritmos com base no envio de mensagens, reduzindo seu código e reutilizando-o. O padrão de design deve decidir qual algoritmo executar, dependendo dos parâmetros e dos argumentos da mensagem que foi recebida.

Configuração 3.2 - Criar referências a objetos e objetos usando subclasses

Na configuração 3.2, duas restrições são introduzidas que forçam a arquitetura a funcionar corretamente e também forçam um bom uso do padrão de design com base na herança entre as classes.

Propriedades da configuração 3.2

	Crie referências	Crie objetos
Superclasse (interface)	X(Restrição)	X(Restrição)
Subclase	Sim	Sim

Utilitário de configuração 3.2

É uma configuração adequada para quando há poucos objetos especializados, cada objeto tem a necessidade de implementar um algoritmo particular ou único. Se tantas referências forem criadas como objetos especializados, é possível ter um objeto na memória para cada referência. Cada referência funciona como um ponteiro para cada objeto especializado. Objetos podem permanecer na memória durante todo o tempo de execução do aplicativo sem a necessidade de coletar objetos não referenciados. Este tipo de configuração permite a implementação de algoritmos dinâmicos e algoritmos estáticos.

Como implementar os algoritmos que são estáticos?

A implementação dos algoritmos estáticos é feita declarando um método estático. Métodos estáticos possuem o parâmetro e o argumento do mesmo tipo.

Como implementar algoritmos dinâmicos?

A implementação dos algoritmos dinâmicos é feita declarando um método dinâmico. Métodos dinâmicos possuem o parâmetro e o argumento de tipos diferentes.

Qual é a atribuição estática da referência?

É quando uma referência é atribuída a um objeto durante toda a execução do aplicativo. Nesse tipo de atribuição, a JVM não tem muito trabalho, pois não há objetos não referenciados na memória.

Qual é a atribuição dinâmica da referência?

É quando uma referência é atribuída a mais de um objeto durante toda a execução do aplicativo. Neste tipo de atribuição, a JVM tem muito trabalho, pois deve limpar os objetos não referenciados na memória.

Para usar o mecanismo de polimorfismo, as mensagens são enviadas para objetos através de uma interface com métodos públicos. Cada objeto deve implementar a mesma interface de métodos.

A configuração 3.2 tem duas variantes:
1. Na variante 1: a interface é implementada pela superclasse
2. Na variante 2: a interface é implementada pela subclasse

Diagrama de classes em Java para configuração 3.2 - variante 1

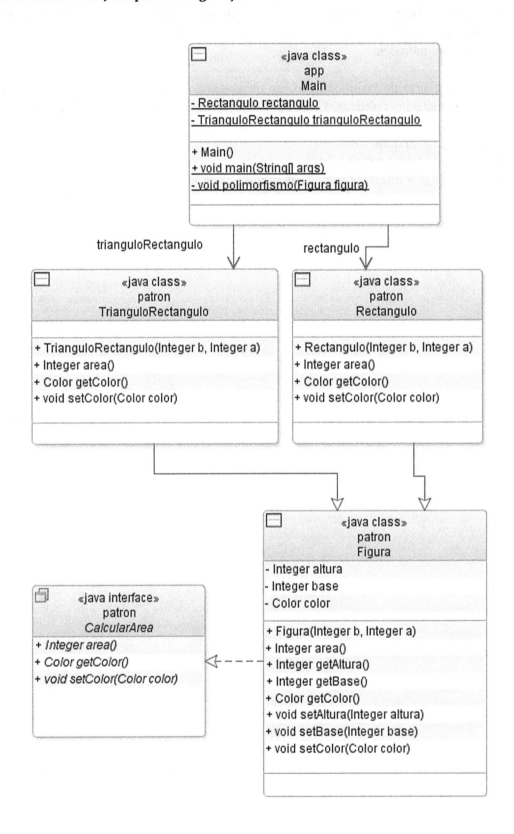

Código fonte para configuração 3.2 - variante 1

```
package app;

import java.awt.Color;
import patron.Figura;
import patron.Rectangulo;
import patron.TrianguloRectangulo;

public class Main {
    public Main() {
        super();
    }

    private static Rectangulo rectangulo  = null;
    private static TrianguloRectangulo trianguloRectangulo = null;

    public static void main(String[] args) {

        Main main = new Main();
        System.out.println("Polimorfismo estático o dinámico.");
        rectangulo = new Rectangulo(3, 4);
        Color color = new Color(Color.blue.getRGB());
        rectangulo.setColor(color);
        polimorfismo(rectangulo);
        //System.out.println("Área rectángulo " + rectangulo.area());
        trianguloRectangulo = new TrianguloRectangulo(5, 4);
        color = new Color(Color.orange.getRGB());
        trianguloRectangulo.setColor(color);
        polimorfismo(trianguloRectangulo);
        //System.out.println("Área          triángulo          rectángulo          "          +
trianguloRectangulo.area());


    }

    //El método polimorfismo() puede ser sobrecargado de tres formas distintas
    //Este es un método polimórfico dinámico, un método polimórfico dinámico
tiene el parámetro de un tipo y los argumentos de otro tipo

    private static void polimorfismo(Figura figura) {

        //Algoritmo polimórfico dinámico, estas líneas de código se ejecutan de
igual forma para dos tipos distintos.
        //Las líneas de código polimórficas dinámicas tienen comportamiento
        //  distintos dependiendo del tipo de argumento.

        System.out.print(figura.getClass().getName());
        System.out.println("  Área = " + figura.area());
        System.out.println("  Color =  " + figura.getColor());


    }
    //Cuidado!  si  las  siguientes  líneas  son  descomentadas  funcionaran
correctamente pero habría que comentar el método sobrecargado con el parámetro
del tipo Figura{}
    //Estas líneas de código demuestran que el parámetro y el argumento
    //  pueden ser de dos tipos diferentes
    //El programador decide en qué método sobrecargado quiere escribir código
    /*
```

```
    //Este es un método polimórfico estático, un método polimórfico estático
tiene el parámetro y el argumento del mismo tipo.

    private static void polimorfismo(Rectangulo figura) {
        //acceder a los métodos de la clase Rectangulo{}, si es necesario

    }

    //Este es un método polimórfico estático, un método polimórfico estático
tiene el parámetro y el argumento del mismo tipo.
    private static void polimorfismo(TrianguloRectangulo figura) {
        //acceder a los métodos de clase Triangulo{}, si es necesario

    }
    */
}

package patron;

import java.awt.Color;

public class Figura implements CalcularArea {
    private Integer altura = 0;
    private Integer base = 0;
    private Color color = null;
    public Figura(Integer b, Integer a) {
        base = b; altura = a;
        //super();
    }
    public void setAltura(Integer altura) {
        this.altura = altura;
    }

    public void setBase(Integer base) {
        this.base = base;
    }

    public Integer getAltura() {
        return altura;
    }

    public Integer getBase() {
        return base;
    }

    @Override
    public Integer area() {

        //Los programadores han decidido que el cálculo de área
        //  quede a cargo de la superclase

if(this.getClass().getName().equalsIgnoreCase(Rectangulo.class.getName())) {
        return altura * base;
        }else{
            return (altura * base) / 2;
        }
    }

    @Override
```

```java
    public Color getColor() {
        // TODO Implement this method
        return color;
    }

    @Override
    public void setColor(Color color) {
        // TODO Implement this method
        this.color = color;
    }
}

package patron;

import java.awt.Color;

public class Rectangulo extends Figura {

    public Rectangulo(Integer b, Integer a) {
        super(b, a);
    }

    //Sobrescribir los métodos de la clase Figura{}
    @Override
    public Integer area() {

        // TODO Implement this method
        //return super.getAltura() * super.getBase();
        return super.area(); //el cálculo del área quedará a cargo de la
superclase
    }

    @Override
    public Color getColor() {
        // TODO Implement this method
        return super.getColor();
    }

    @Override
    public void setColor(Color color) {
        // TODO Implement this method
        super.setColor(color);
    }
}

package patron;

import java.awt.Color;

public class Rectangulo extends Figura {

    public Rectangulo(Integer b, Integer a) {
        super(b, a);
    }

    //Sobrescribir los métodos de la clase Figura{}
    @Override
    public Integer area() {
```

```
        // TODO Implement this method
        //return super.getAltura() * super.getBase();

        return super.area(); //el cálculo del área quedará a cargo de la
superclase
    }

    @Override
    public Color getColor() {
        // TODO Implement this method
        return super.getColor();
    }

    @Override
    public void setColor(Color color) {
        // TODO Implement this method
        super.setColor(color);
    }
}

package patron;

import java.awt.Color;

public interface CalcularArea {

    public Integer area();
    public Color getColor();
    public void setColor(Color color);

}
```

Diagrama de classes em Java para configuração 3.2 - variante 2

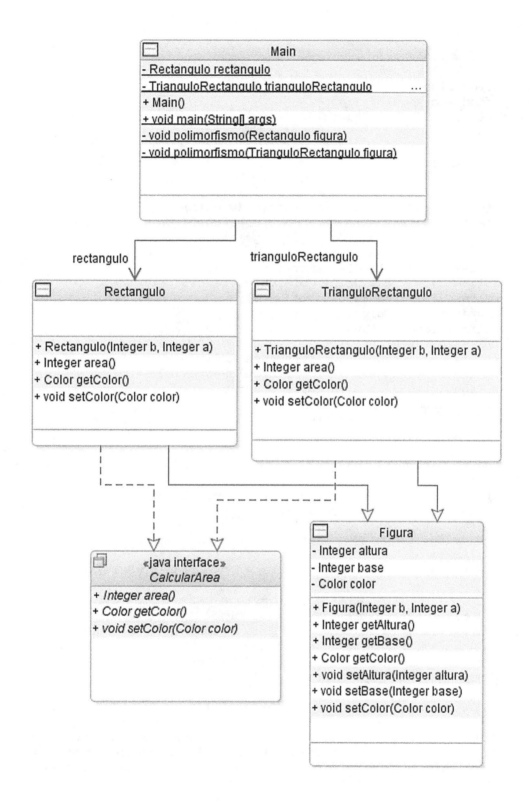

Código fonte para configuração 3.2 - variante 2

```java
package app;

import java.awt.Color;

import patron.Figura;
import patron.Rectangulo;
import patron.TrianguloRectangulo;

public class Main {
    public Main() {
        super();
    }
    private static Rectangulo rectangulo  = null;
    private static TrianguloRectangulo trianguloRectangulo = null;
    public static void main(String[] args) {
        Main main = new Main();
        System.out.println("Polimorfismo estático o dinámico");
        Color color = new Color(Color.blue.getRGB());
        rectangulo = new Rectangulo(3, 4);
        rectangulo.setColor(color);
        polimorfismo(rectangulo);
        //System.out.println("Área rectángulo " + rectangulo.area());
        color = new Color(Color.orange.getRGB());
        trianguloRectangulo = new TrianguloRectangulo(5, 4);
        trianguloRectangulo.setColor(color);
        polimorfismo(trianguloRectangulo);
        //System.out.println("Área       triángulo       rectángulo       "       +
trianguloRectangulo.area());
    }
    //Método polimórfico estático, un método polimórfico estático tiene el
    //parámetro y el argumento del mismo tipo.
    private static void polimorfismo(Rectangulo figura) {
        //Algoritmo polimórfico estático
        System.out.print(figura.getClass().getName());
        System.out.println(" Área = " + figura.area());
        if(figura.area()>10)
            System.out.println(" Color =  " + figura.getColor());
    }
    //Método polimórfico estático, un método polimórfico estático tiene el
    //parámetro y el argumento del mismo tipo.
    private static void polimorfismo(TrianguloRectangulo figura) {
        //Algoritmo polimórfico estático
        System.out.print(figura.getClass().getName());
        System.out.println(" Área = " + figura.area());
        if(figura.area()>10)
            System.out.println(" Color =  " + figura.getColor());
    }
    //!Cuidado¡ Este método polimórfico dinámico se ha comentado.
    //Este método si es descomentado funcionará perfectamente pero si
    //    es descomentado es preferible usarlo con una referencia del tipo
Figura{} y objetos creados con las subclases.
/*    private static void polimorfismo(Figura figura) {
        //acceder a los métodos de Figura{}, si es necesario.
        //Escribir un algoritmo polimórfico dinámico


    }
*/
```

```java
}

package patron;

import java.awt.Color;

public class Figura {
    private Integer altura = 0;
    private Integer base = 0;
    private Color color = null;

    public void setColor(Color color) {
        this.color = color;
    }

    public Color getColor() {
        return color;
    }

    public Figura(Integer b, Integer a) {
        base = b; altura = a;
        //super();
    }
    public void setAltura(Integer altura) {
        this.altura = altura;
    }

    public void setBase(Integer base) {
        this.base = base;
    }

    public Integer getAltura() {
        return altura;
    }

    public Integer getBase() {
        return base;
    }
}

package patron;

import java.awt.Color;

public class Rectangulo extends Figura implements CalcularArea {
    public Rectangulo(Integer b, Integer a) {
        super(b, a);
    }
    //Sobrescribir los métodos de la clase Figura{}
    @Override
    public Integer area() {
        return this.getAltura() * this.getBase();
    }

    @Override
    public void setColor(Color color) {
        // TODO Implement this method
        super.setColor(color);
    }
```

```java
    @Override
    public Color getColor() {
        // TODO Implement this method
        return super.getColor();
    }
}

package patron;

import java.awt.Color;

public class TrianguloRectangulo extends Figura implements CalcularArea {
    public TrianguloRectangulo(Integer b, Integer a) {
        super(b, a);
    }
    //Sobrescribir los métodos de la clase Figura{}
    @Override
    public Integer area() {
        return (this.getAltura() * this.getBase()) / 2;
    }


    @Override
    public Color getColor() {
        // TODO Implement this method
        return super.getColor();
    }

    @Override
    public void setColor(Color color) {
        // TODO Implement this method
        super.setColor(color);
    }
}

package patron;

import java.awt.Color;

public interface CalcularArea {

    public Integer area();
    public Color getColor();
    public void setColor(Color color);

}
```

Capítulo III

Algoritmos polimórficos que são mutáveis

Para criar algoritmos polimórficos mutáveis, é necessário declarar referências a objetos com classes especiais do tipo de interface.

O que são algoritmos polimórficos mutáveis?

Dada uma hierarquia de heranças entre classes, é possível criar algoritmos polimórficos mutáveis. Esses algoritmos usam referências que têm a propriedade de serem referenciadas a objetos criados com superclasses ou subclasses.

Quais são os métodos mutáveis?

É a capacidade dos métodos de ter parâmetros declarados com uma interface e os argumentos dos parâmetros criados com subclasses ou superclasses.

Uma interface é uma classe abstrata em que todos os seus métodos são abstratos e todos os seus campos são constantes. As interfaces não implementam o código-fonte, o código deve ser implementado pelas classes que herdam a interface. As interfaces são herdadas usando a palavra-chave Java: `implements`.

Existem diferentes combinações em relação às classes que podem implementar a interface.

Combinação número 1:
- A interface é implementada pela superclasse
  - o As referências são declaradas com as interfaces
  - o Objetos são criados pela superclasse ou subclasses

Propriedades da configuração para a combinação 1

	Criar referências	Criar objetos
Superclasse	-	Sim
Subclasse	-	Sim
Interface	Sim	X(não pode)

A combinação número 1, permite a mutabilidade da referência entre os objetos criados com as subclasses e a superclasse.

Combinação número 2:
- A interface é implementada por subclasses
  o As referências são declaradas com as interfaces
  o Objetos são criados com subclasses

Propriedades de configuração para a combinação 2

	Criar referências	Criar objetos
Superclasse	-	X(não pode)
Subclasse	-	Sim
Interface	Sim	X(não pode)

A combinação número 2, não permite a mutabilidade da referência entre os objetos criados com as subclasses e a superclasse. A combinação número 2 permite apenas criar objetos com subclasses.

Apesar da impossibilidade de não criar objetos da superclasse, ainda é possível criar algoritmos polimórficos dinâmicos usando a combinação número 2. Algoritmos polimórficos dinâmicos foram estudados nos capítulos I e II.

Para as combinações números 1 e 2, existem duas variantes:
1. Declarando: uma referência e muitos objetos. (A referência deve ser reatribuída a cada um dos objetos durante a execução do aplicativo.) A JVM tem muito trabalho coletando objetos não referenciados durante a execução do aplicativo.
2. Declarando: muitas referências, uma referência para cada objeto na memória. (A JVM geralmente tem menos trabalho, pois não precisa coletar objetos não referenciados na memória)

Em seguida, serão apresentados os diagramas de classes para a variante número 1 das combinações números 1 e 2. O leitor deve fazer um esforço e tentar implementar a variante número 2.

O código-fonte não será comentado, pois não haveria novas contribuições para os comentários feitos anteriormente.

Diagrama de classes para algoritmos polimórficos que são mutáveis. Combinação 1 - variante 1

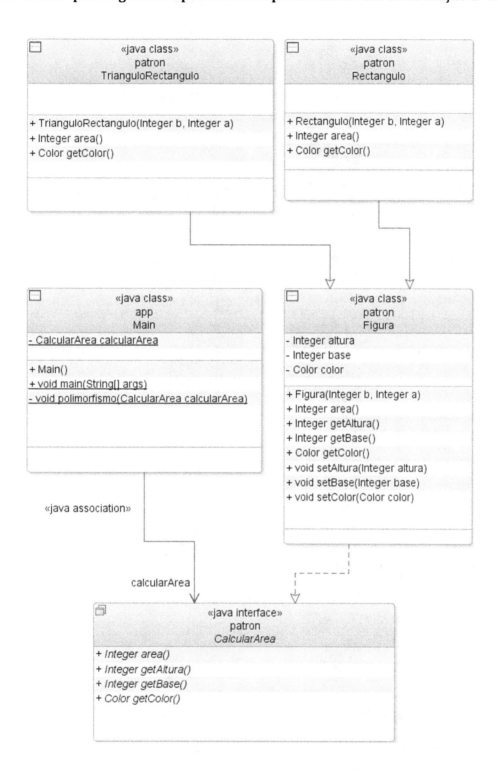

Código-fonte que implementa algoritmos polimórficos mutáveis. Combinação 1 - variante 1

```java
package app;

import patron.CalcularArea;
import patron.Figura;
import patron.Rectangulo;
import patron.TrianguloRectangulo;

public class Main {
    //Referencia del tipo Interfaz, esta referencia podrá mutar de ser
una subclase a una superclase.
    private static CalcularArea calcularArea = null;

    public Main() {
        super();
    }

    public static void main(String[] args) {
        Main main = new Main();

        System.out.println("Polimorfismo mutable dinámico. Una referencia
muchos objetos, con recolector de basura");

        calcularArea = new Figura(3, 4); //Mutación de la referencia al
tipo superclase Figura{}
        polimorfismo(calcularArea);

        calcularArea = new Rectangulo(3, 4); //Mutación de la referencia
al tipo subclase Rectangulo{}.
        polimorfismo(calcularArea);

        calcularArea = new TrianguloRectangulo(5, 4); //Mutación de la
referencia al tipo subclase TrianguloRectangulo{}.
        polimorfismo(calcularArea);
    }
    //Método polimórfico o sobrecargado por el argumento del parámetro
con mutación de superclase y subclases
    //El parámetro acepta tipos de argumentos distintos y de clases
distintas en la jerarquía de herencia.
    //El parámetro es del tipo CalcularArea{}
    //Los argumentos pueden ser de los tipos: rectángulo, triángulo
rectángulo definidos en las subclases.
    //También los argumentos pueden ser del tipo: figura, definidos en la
superclase.
    private static void polimorfismo(CalcularArea calcularArea) {
        //Líneas polimórficas mutables, tienen comportamiento distinto
dependiendo de los tipos de figuras en el argumento del parámetro y de
las clases que construyen la jerarquía de herencia.
        //El compilador JDK, en tiempo de diseño, no tiene información de
los tipos del argumento.
        //La JVM decide en tiempo de ejecución qué comportamiento
ejecutar dependiendo de los tipos de argumentos.
        System.out.println(calcularArea.getClass().getName());
```

```
            System.out.println("  Altura = " + calcularArea.getAltura());
            System.out.println("  Base = " + calcularArea.getBase());
            System.out.println("  Área = " + calcularArea.area());
        }//Fin del método polimórfico dinámico mutable.

}//Fin del cuerpo de la clase Main{}.

package patron;

import java.awt.Color;

public interface CalcularArea {
    //Agregar todas las obligaciones de implementación para las clases
  que hereden esta Interfaz.
    public Color getColor();
    public Integer getBase();
    public Integer getAltura();
    public Integer area();
}

package patron;

import java.awt.Color;

public class Figura implements CalcularArea {
    private Integer altura = 0;
    private Integer base = 0;
    private Color color = null;

    public Figura(Integer b, Integer a) {
        base = b; altura = a;
        //super();
    }
    public void setAltura(Integer altura) {
        this.altura = altura;
    }

    public void setBase(Integer base) {
        this.base = base;
    }

    @Override
    public Integer getAltura() {
        return altura;
    }

    @Override
    public Integer getBase() {
        return base;
    }

    public void setColor(Color color) {
        this.color = color;
    }
```

```java
    @Override
    public Color getColor() {
        return color;
    }


    //En muchos problemas reales este método puede ser comentado o no
usado, se ha implementado por motivos didácticos, es preferible que las
subclases se dediquen a los aspectos concretos del problema a resolver.
    @Override
    public Integer area() {


if(this.getClass().getName().equalsIgnoreCase(Rectangulo.class.getName(
))) {
            return altura * base;
        }


    if(this.getClass().getName().equalsIgnoreCase(TrianguloRectangulo.class
.getName())) {
            return (altura * base) / 2;
        }

        System.out.println("Esta mutación de la referencia no determina
el tipo de figura.");
        System.out.println("                 Mutación        usada:       "        +
this.getClass().getName());
        System.out.println("        dicha mutación puede realizar tareas
generales y no particulares (abstractas y no concretas)");
        return 0;
    }//fin del método abstracto sobrescrito.
}//fin de la declaración de la clase Figura{}.

package patron;

import java.awt.Color;

public class Rectangulo extends Figura {
    public Rectangulo(Integer b, Integer a) {
        super(b, a);//invocar al constructor de la clase Figura{}
        super.setColor(new   Color(Color.orange.getRGB()));//invocar    al
método setColor() de la clase Figura{}
    }
    ////////////////////////
    //Sobrescribir todos los métodos de la clase Figura{}, si es
necesario.
    ///////////////////////

    @Override
    public Color getColor() {
        // TODO Implement this method
        return super.getColor();
    }
```

```java
    @Override
    public Integer area() {
        // TODO Implement this method
        //Opción 1 (recomendada): La clase Rectangulo{} implementa su
propio algoritmo del cálculo del área.
        return super.getAltura() * super.getBase();

        //Opción 2 (no recomendada): La clase Rectangulo{} invoca al
algoritmo del cálculo del área de la superclase Figura{}.
        //return super.area();
    }
}

package patron;

import java.awt.Color;

public class TrianguloRectangulo extends Figura {

    public TrianguloRectangulo(Integer b, Integer a) {
        super(b, a);
        super.setColor(new Color(Color.green.getRGB()));
    }
    /////////////////////////
    //Sobrescribir todos los métodos de la clase Figura{}, si es
necesario.
    /////////////////////////

    @Override
    public Color getColor() {
        // TODO Implement this method
        return super.getColor();
    }

    @Override
    public Integer area() {
        // TODO Implement this method
        //Opción 1 (recomendada): La clase TrianguloRectangulo{}
implementa su propio algoritmo del cálculo del área.
        return (super.getAltura() * super.getBase()) / 2;

        //Opción 2 (no recomendada): La clase TrianguloRectangulo{}
invoca al algoritmo de calcular el área de la superclase Figura{}.
        //return super.area();
    }
}
```

Diagrama de classes em UML para algoritmos polimórficos mutáveis. Combinação 2 - variante 1

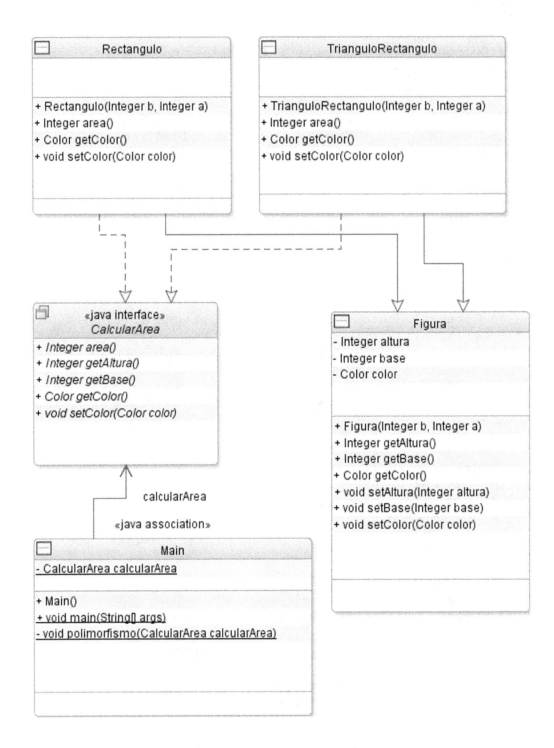

Código-fonte que implementa algoritmos polimórficos mutáveis. Combinação 2, variante 1

```java
package app;

import patron.CalcularArea;
import patron.Rectangulo;
import patron.TrianguloRectangulo;

public class Main {
    //Referencia del tipo Interfaz, esta referencia podrá mutar de ser
    una subclase a una superclase.
    private static CalcularArea calcularArea = null;
    public Main() {
        super();
    }

    public static void main(String[] args) {
        Main main = new Main();

        System.out.println("Polimorfismo dinámico no mutable entre clases
de la jerarquía de herencia. Una referencia muchos objetos, con
recolector de basura");

        //Lamentablemente la implementación de la interfaz CalcularArea{}
por parte de las subclases no permite la mutabilidad a la superclase
Figura{}.
        //calcularArea = new Figura(3, 4); //Mutación de la referencia al
tipo superclase, Figura{}, no permitida.
        //polimorfismo(calcularArea); //No descomentar, dará error del
compilador.

        calcularArea = new Rectangulo(3, 4); //Mutación de la referencia
al tipo subclase Rectangulo{}.
        polimorfismo(calcularArea);

        calcularArea = new TrianguloRectangulo(5, 4); //Mutación de la
referencia al tipo subclase TrianguloRectangulo{}.
        polimorfismo(calcularArea);
    }
    //Método polimórfico o sobrecargado por el argumento del parámetro
sin mutación a la superclase.
    //El parámetro acepta tipos de argumentos distintos pertenecientes a
las subclases.
    //El parámetro es del tipo CalcularArea{}. Los argumentos pueden ser
de los tipos: rectángulo, triángulo rectángulo definidas en las
subclases.
    //No está permitido que los argumentos pueden ser del tipo: figura,
definida en la superclase.
    //Este es un método polimórfico dinámico pero no mutable entre las
clases de la jerarquía de herencia.
    private static void polimorfismo(CalcularArea calcularArea) {
        //Líneas polimórficas dinámicas, tienen comportamiento distinto
dependiendo de los tipos de figuras en el argumento del parámetro.
        //El compilador JDK, en tiempo de diseño, no tiene información de
```

```
    los tipos del argumento.
        //La  JVM  decide  en  tiempo  de  ejecución  qué  comportamiento
    ejecutar dependiendo de los tipos de argumentos.
        //Este es un algoritmo polimórfico dinámico pero no mutable entre
    las clases de la jerarquía de herencia.
        System.out.println(calcularArea.getClass().getName());
        System.out.println("  Altura = " + calcularArea.getAltura());
        System.out.println("  Base = " + calcularArea.getBase());
        System.out.println("  Área = " + calcularArea.area());
    }//Fin del método polimórfico dinámico mutable.

}//Fin del cuerpo de la clase Main{}.

package patron;

import java.awt.Color;

public interface CalcularArea {
    public Integer area();
    public Color getColor();
    public Integer getBase();
    public Integer getAltura();
    public void setColor(Color color);
}

package patron;

import java.awt.Color;

//La clase Figura{} se ha declarado sin modificador de acceso para
  ocultarla, encapsularla, y no permitir el acceso desde el paquete app.
class Figura {
    private Integer altura = 0;
    private Integer base = 0;
    private Color color = null;

    public void setColor(Color color) {
        this.color = color;
    }

    public Color getColor() {
        return color;
    }

    public Figura(Integer b, Integer a) {
        base = b; altura = a;
        //super();
    }
    public void setAltura(Integer altura) {
        this.altura = altura;
    }

    public void setBase(Integer base) {
        this.base = base;
```

```java
    }

    public Integer getAltura() {
        return altura;
    }

    public Integer getBase() {
        return base;
    }
}

package patron;

import java.awt.Color;

public class Rectangulo extends Figura implements CalcularArea {
    public Rectangulo(Integer b, Integer a) {
        super(b, a);
    }
    //Sobrescribir los métodos den la clase Figura{}
    @Override
    public Integer area() {
        return this.getAltura() * this.getBase();
    }

    @Override
    public void setColor(Color color) {
        // TODO Implement this method
        super.setColor(color);
    }

    @Override
    public Color getColor() {
        // TODO Implement this method
        return super.getColor();
    }
}

package patron;

import java.awt.Color;

public class TrianguloRectangulo extends Figura implements CalcularArea {
    public TrianguloRectangulo(Integer b, Integer a) {
        super(b, a);
    }

    //Sobrescribir los métodos den la clase Figura{}

    @Override
    public Integer area() {
        return (this.getAltura() * this.getBase()) / 2;
    }
```

```java
    @Override
    public Color getColor() {
        // TODO Implement this method
        return super.getColor();
    }

    @Override
    public void setColor(Color color) {
        // TODO Implement this method
        super.setColor(color);
    }
}
```

Capítulo IV

Programando um jogo de computador

As linhas de código a seguir são um jogo de computador clássico que aplica algoritmos polimórficos para controlar os personagens no jogo. Cada personagem do jogo implementará os algoritmos que se especializam em seu comportamento.

A configuração 3.2, variante número 1 do capítulo II, será usada para escrever o código fonte do jogo "Voe até o final". Propõe-se ao leitor, como um desafio, fazer as mudanças necessárias no código-fonte do jogo para reescrevê-las como um algoritmo polimórfico mutável discutido no Capítulo III.

Na classe que tem o papel de cliente, uma referência será declarada para cada personagem no jogo. Cada uma das referências apontará para uma instância de objeto que representará um personagem no jogo.

A classe que tem a função de cliente implementará um método polimórfico dinâmico cujo parâmetro será de um tipo genérico. E os argumentos serão dos tipos, particulares, de cada personagem do jogo.

O parâmetro do método polimórfico terá o maior nível de abstração e representará todos os personagens do jogo, e os argumentos do parâmetro terão o menor nível de abstração representando cada um dos personagens no jogo.

Código polimórfico do jogo

A seguinte linha de código-fonte é polimórfica, o parâmetro é uma referência de objeto chamada g2DMiLienzo e os argumentos do parâmetro podem ser do tipo: Fondo{}, Nubes{}, Personaje{} o Pilares{}

```
queObjeto.pintarPolimorfismo(g2DMiLienzo);
```

A referência com o nome de g2DMiLienzo é do tipo: DatosJuego{}. E apontará para instâncias de objetos de tipo: Fondo{}, Nubes{}, Personaje{} o Pilares{}

Esta linha de código será executada sempre que for necessário pintar um elemento no tabuleiro de jogo.

As classes que têm o papel de clientes do padrão de design de software se beneficiam da reutilização do código-fonte e da simplificação da lógica do jogo.

Cada vez que a linha de código polimórfico é executada, a JVM decidirá qual código especializado será executado, dependendo do tipo de referência a instâncias de objetos.

Vista do jogo de computador: Voe até o final

Diagrama de classes em Java para o jogo: voar até o final

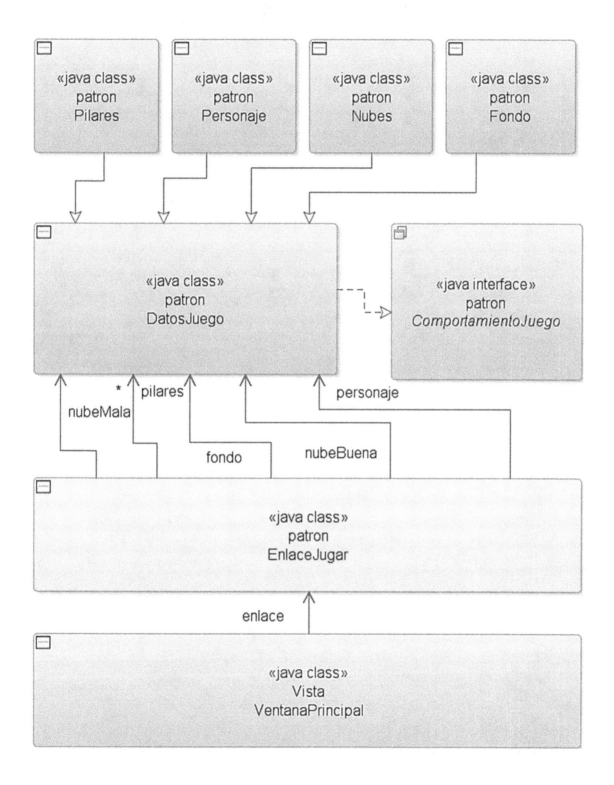

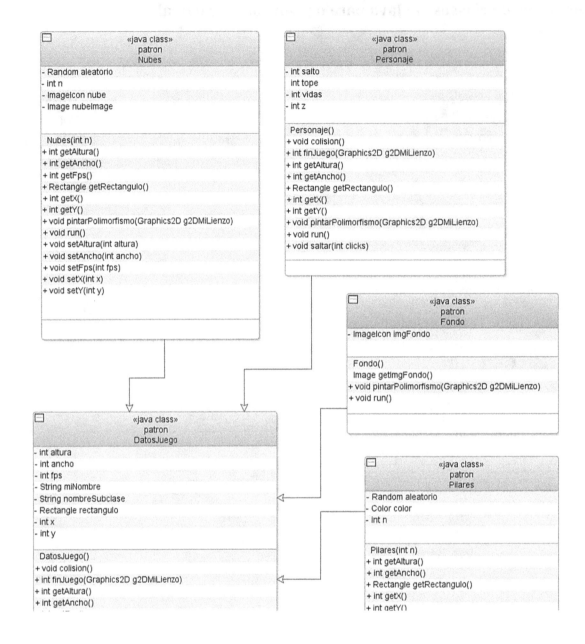

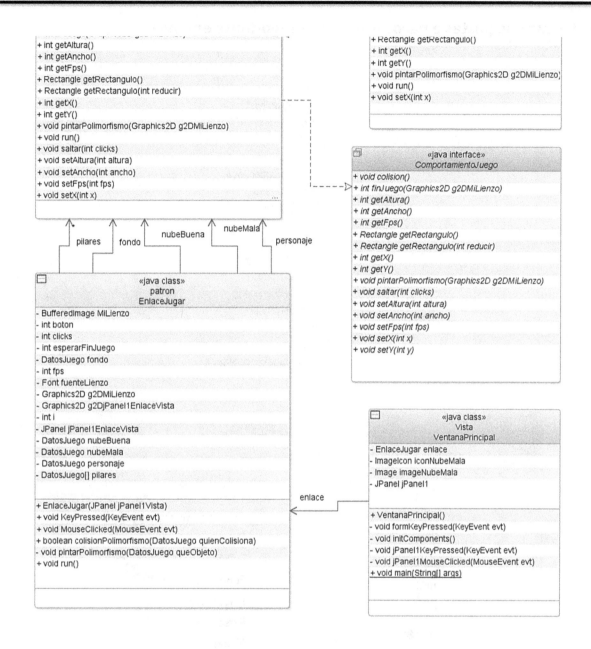

+ int getAltura()
+ int getAncho()
+ int getFps()
+ Rectangle getRectangulo()
+ Rectangle getRectangulo(int reducir)
+ int getX()
+ int getY()
+ void pintarPolimorfismo(Graphics2D g2DMiLienzo)
+ void run()
+ void saltar(int clicks)
+ void setAltura(int altura)
+ void setAncho(int ancho)
+ void setFps(int fps)
+ void setX(int x)

+ Rectangle getRectangulo()
+ int getX()
+ int getY()
+ void pintarPolimorfismo(Graphics2D g2DMiLienzo)
+ void run()
+ void setX(int x)

«java interface»
ComportamientoJuego

+ void colision()
+ int finJuego(Graphics2D g2DMiLienzo)
+ int getAltura()
+ int getAncho()
+ int getFps()
+ Rectangle getRectangulo()
+ Rectangle getRectangulo(int reducir)
+ int getX()
+ int getY()
+ void pintarPolimorfismo(Graphics2D g2DMiLienzo)
+ void saltar(int clicks)
+ void setAltura(int altura)
+ void setAncho(int ancho)
+ void setFps(int fps)
+ void setX(int x)
+ void setY(int y)

pilares   fondo   nubeBuena   nubeMala   personaje

«java class»
patron
EnlaceJugar

- BufferedImage MiLienzo
- int boton
- int clicks
- int esperarFinJuego
- DatosJuego fondo
- int fps
- Font fuenteLienzo
- Graphics2D g2DMiLienzo
- Graphics2D g2DjPanel1EnlaceVista
- int i
- JPanel jPanel1EnlaceVista
- DatosJuego nubeBuena
- DatosJuego nubeMala
- DatosJuego personaje
- DatosJuego[] pilares

+ EnlaceJugar(JPanel jPanel1Vista)
+ void KeyPressed(KeyEvent evt)
+ void MouseClicked(MouseEvent evt)
+ boolean colisionPolimorfismo(DatosJuego quienColisiona)
- void pintarPolimorfismo(DatosJuego queObjeto)
+ void run()

enlace

«java class»
Vista
VentanaPrincipal

- EnlaceJugar enlace
- ImageIcon iconNubeMala
- Image imageNubeMala
- JPanel jPanel1

+ VentanaPrincipal()
+ void formKeyPressed(KeyEvent evt)
- void initComponents()
- void jPanel1KeyPressed(KeyEvent evt)
- void jPanel1MouseClicked(MouseEvent evt)
+ void main(String[] args)

Estrutura de pastas e pacotes para o código-fonte em Java

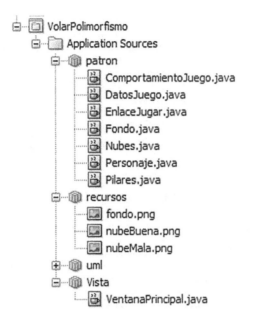

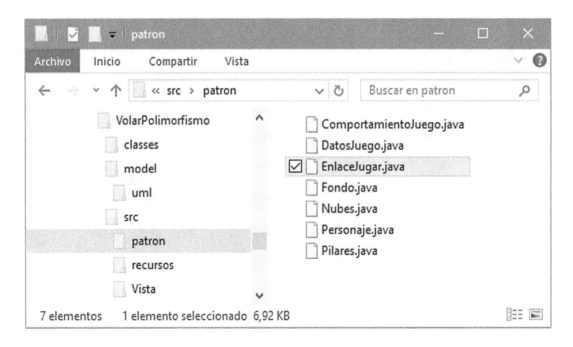

Código fonte em Java para o módulo de visualização do jogo

```java
package vista;
import java.awt.Graphics;
import java.awt.Image;
import javax.swing.ImageIcon;
import patron.EnlaceJugar;

public class VentanaPrincipal extends javax.swing.JFrame {
    private ImageIcon iconNubeMala = new
  ImageIcon(getClass().getResource("/recursos/nubeMala.png"));
    private Image imageNubeMala= null;
    private EnlaceJugar enlace = null;

    /** Creates new form VentanaPrincipal */
    public VentanaPrincipal() {
        imageNubeMala = iconNubeMala.getImage();
        initComponents();
        jPanel1.setIgnoreRepaint(false);
        enlace = new EnlaceJugar(this.jPanel1);
        enlace.start();
    }

    /** This method is called from within the constructor to
     * initialize the form.
     * WARNING: Do NOT modify this code. The content of this method is
     * always regenerated by the Form Editor.
     */
    @SuppressWarnings("unchecked")
    private void initComponents() {//GEN-BEGIN:initComponents

        jPanel1 = new javax.swing.JPanel(){
            @Override
            public void paint(Graphics graphics) {
                // TODO Implement this method
                super.paint(graphics);
                graphics.drawString("Cargando ...", 100, 100);
            }
            @Override
            public void update(Graphics graphics) {
                // TODO Implement this method
                super.update(graphics);
            }
        };


    setDefaultCloseOperation(javax.swing.WindowConstants.EXIT_ON_CLOSE);
```

```java
        setTitle("Volar hasta el fin");
        setIconImage(imageNubeMala);
        setMinimumSize(new java.awt.Dimension(400, 400));
        setResizable(false);
        addKeyListener(new java.awt.event.KeyAdapter() {
            public void keyPressed(java.awt.event.KeyEvent evt) {
                formKeyPressed(evt);
            }
        });

        jPanel1.setBackground(new java.awt.Color(204, 255, 204));
        jPanel1.addMouseListener(new java.awt.event.MouseAdapter() {
            public void mouseClicked(java.awt.event.MouseEvent evt) {
                jPanel1MouseClicked(evt);
            }
        });
        jPanel1.addKeyListener(new java.awt.event.KeyAdapter() {
            public void keyPressed(java.awt.event.KeyEvent evt) {
                jPanel1KeyPressed(evt);
            }
        });
        jPanel1.setLayout(null);
        getContentPane().add(jPanel1, java.awt.BorderLayout.CENTER);

        pack();
        setLocationRelativeTo(null);
    }//GEN-END:initComponents

    private void jPanel1MouseClicked(java.awt.event.MouseEvent evt)
{//GEN-FIRST:event_jPanel1MouseClicked
        // TODO add your handling code here:
        enlace.MouseClicked(evt);
    }//GEN-LAST:event_jPanel1MouseClicked

    private void jPanel1KeyPressed(java.awt.event.KeyEvent evt) {//GEN-
FIRST:event_jPanel1KeyPressed
        // TODO add your handling code here:
    }//GEN-LAST:event_jPanel1KeyPressed

    private void formKeyPressed(java.awt.event.KeyEvent evt) {//GEN-
FIRST:event_formKeyPressed
        // TODO add your handling code here:
        enlace.KeyPressed(evt);
    }//GEN-LAST:event_formKeyPressed

    /**
     * @param args the command line arguments
```

```java
     */
    public static void main(String args[]) {
        /* Set the Nimbus look and feel */
        //<editor-fold defaultstate="collapsed" desc=" Look and feel
setting code (optional) ">
        /* If Nimbus (introduced in Java SE 6) is not available, stay
with the default look and feel.
         * For details see
http://download.oracle.com/javase/tutorial/uiswing/lookandfeel/plaf.htm
l
         */
        try {
            for (javax.swing.UIManager.LookAndFeelInfo info : javax.swing

.UIManager

.getInstalledLookAndFeels()) {
                if ("Nimbus".equals(info.getName())) {
                    javax.swing
                        .UIManager
                        .setLookAndFeel(info.getClassName());
                    break;
                }
            }
        } catch (ClassNotFoundException ex) {
            java.util
                .logging
                .Logger
                .getLogger(VentanaPrincipal.class.getName())
                .log(java.util
                        .logging
                        .Level
                        .SEVERE, null, ex);
        } catch (InstantiationException ex) {
            java.util
                .logging
                .Logger
                .getLogger(VentanaPrincipal.class.getName())
                .log(java.util
                        .logging
                        .Level
                        .SEVERE, null, ex);
        } catch (IllegalAccessException ex) {
            java.util
                .logging
                .Logger
                .getLogger(VentanaPrincipal.class.getName())
```

```
                        .log(java.util
                                .logging
                                .Level
                                .SEVERE, null, ex);
            } catch (javax.swing.UnsupportedLookAndFeelException ex) {
                java.util
                        .logging
                        .Logger
                        .getLogger(VentanaPrincipal.class.getName())
                        .log(java.util
                                .logging
                                .Level
                                .SEVERE, null, ex);
            }
            //</editor-fold>

            /* Create and display the form */
            java.awt
                .EventQueue
                .invokeLater(new Runnable() {
                    public void run() {
                        new VentanaPrincipal().setVisible(true);
                    }
                });
    }

    // Variables declaration - do not modify//GEN-BEGIN:variables
    private javax.swing.JPanel jPanel1;
    // End of variables declaration//GEN-END:variables

}
```

Código-fonte para as classes que implementam o módulo do cliente

```
package patron;

import java.awt.Font;
import java.awt.Graphics2D;
import java.awt.RenderingHints;
import java.awt.image.BufferedImage;
import javax.swing.JPanel;

//Esta clase es pública, las demás clases en el paquete son declaradas
sin el modificador de acceso

public class EnlaceJugar extends Thread {
    private int fps = 0, esperarFinJuego = 0, i = 0;
    private int boton = 0, clicks = 0;
```

```
    //Crear muchas referencias de un único tipo, DatosJuego{}

    private DatosJuego personaje = null;
    private DatosJuego[] pilares= new Pilares[8];
    private DatosJuego nubeBuena = null;
    private DatosJuego nubeMala = null;
    private DatosJuego fondo = null;

    private JPanel jPanel1EnlaceVista=null;
    private Graphics2D g2DjPanel1EnlaceVista = null;

    private BufferedImage miLienzo = null;
    private Graphics2D g2DMiLienzo = null;
    private Font fuenteLienzo = null;

    public EnlaceJugar(JPanel jPanel1Vista) {
        super();
        fps = 1000 / 70; esperarFinJuego = 0;

        //Creando un lienzo personalizado

        miLienzo = new BufferedImage(400,400,
BufferedImage.TYPE_INT_RGB);
        g2DMiLienzo = miLienzo.createGraphics();
        fuenteLienzo = new  Font("Courier", Font.BOLD, 20);
        g2DMiLienzo.setFont(fuenteLienzo);

        //Obtener el lienzo desde la vista

        jPanel1EnlaceVista = jPanel1Vista;
        g2DjPanel1EnlaceVista = (Graphics2D)
jPanel1EnlaceVista.getGraphics();

        //Full anti-alias
        g2DMiLienzo.setRenderingHint(RenderingHints.KEY_ANTIALIASING,
RenderingHints.VALUE_ANTIALIAS_ON);

        //Anti-alias para el texto

//g2DMiLienzo.setRenderingHint(RenderingHints.KEY_TEXT_ANTIALIASING,
RenderingHints.VALUE_TEXT_ANTIALIAS_ON);

        //Crear los objetos que deben ser pintados en el lienzo
personalizado

        fondo = new Fondo(); //Crear un objeto del tipo Fondo{} usando la
referencia del tipo DatosJuego{}

        fondo.start();//Lanzar un hilo personalizado para el objeto fondo

        personaje = new Personaje();//Crear un objeto del tipo
Personaje{} usando la referencia del tipo DatosJuego{}
```

```
        personaje.start();//Lanzar un hilo personalizado para el objeto
personaje

        for(int i=0; i<pilares.length;i++){

            pilares[i] = new Pilares(i);//Crear un objeto del tipo
Pilares{} usando la referencia del tipo DatosJuego{}

            pilares[i].start();//Lanzar un hilo personalizado para el
objeto pilar

        }
        nubeBuena = new Nubes(1);//Crear un objeto del tipo Nubes{}
usando la referencia del tipo DatosJuego{}

        nubeBuena.start();//Lanzar un hilo personalizado para el objeto
nube

        nubeMala = new Nubes(2);//Crear un objeto del tipo Nubes{} usando
la referencia del tipo DatosJuego{}

        nubeMala.start();//Lanzar un hilo personalizado para el objeto
nube

    }

    @Override
    public void run() {
        // TODO Implement this method
        super.run();
        do {
            try {
                //pintar el fondo
                pintarPolimorfismo(fondo);
                //pintar las nubes
                pintarPolimorfismo(nubeBuena);
                pintarPolimorfismo(nubeMala);
                //pintar los pilares
                for(i=0; i<pilares.length;i++) {
                    pintarPolimorfismo(pilares[i]);
                }
                //pintar el personaje
                pintarPolimorfismo(personaje);
                //detectar colisiones del personaje con los pilares
                for(i=0; i<pilares.length; i++) {
                    if(colisionPolimorfismo(pilares[i]) == true) {
                        break;
                    }
                }
                //detectar colisión del personaje con la nube mala
                colisionPolimorfismo(nubeMala);
                //Preguntar si hay vidas
                esperarFinJuego = personaje.finJuego(g2DMiLienzo);
                //pintar el lienzo personalizado en el lienzo de la vista
```

```java
                    g2DjPanel1EnlaceVista.drawImage(miLienzo,0,0,null);
                    Thread.sleep(fps + esperarFinJuego);
                    esperarFinJuego = 0;
                } catch (InterruptedException e) {

                }
        }while(true);
    }
    //Método polimórfico dinámico
    public boolean colisionPolimorfismo(DatosJuego quienColisiona) {
        //Algoritmo polimórfico dinámico

if(personaje.getRectangulo().intersects(quienColisiona.getRectangulo()))
{
            //personaje.setColisiones(personaje.getColisiones()+1);
//aumentar colisiones
            //personaje.setVidas(personaje.getVidas()-1); //disminuir una
vida
            personaje.colision();
            quienColisiona.setX(450); //poner objeto que colisiona en la
largada
            return true;
        }
        return false;
    }
```

//Método polimórfico dinámico, la clase EnlaceJuego{} envía el mismo mensaje a la referencia de la superclase DatosJuego{} para pintar elementos en pantalla, la referencia del tipo superclase apuntará a un objeto del tipo subclase.
//El parámetro es del tipo DatosJuego{} y el argumento puede ser del tipo: Fondo{}, Nubes{}, Personaje{} o Pilares{}
//Cada subclase recibe el mismo mensaje pero implementa un comportamiento diferente para pintar.
//La JVM decide en tiempo de ejecución qué método ejecutar dependiendo del tipo de argumento en el parámetro

```java
    private void pintarPolimorfismo(DatosJuego queObjeto){
```

        //Línea de código polimórfica dinámica, puede ser del tipo: Fondo{}, Nubes{}, Personaje{} o Pilares{}
        //Se envía el mismo mensaje sin importar de qué tipo es, la JVM se encargará de saber qué tipo es.

```java
        queObjeto.pintarPolimorfismo(g2DMiLienzo);
```

        //Los programadores pueden optar por escribir código en el método run() o en el método pintarPolimorfismo(...) para enviar mensajes al patrón de diseño.

        //Pregunta si el objeto datosJuego es del tipo Personaje{}

```java
if(queObjeto.getClass().getName().equals(Personaje.class.getName())) {

    }
```

```java
        //Pregunta si el objeto datosJuego es del tipo Pilares{}

if(queObjeto.getClass().getName().equals(Pilares.class.getName())) {

        }
        //Pregunta si el objeto datosJuego es del tipo Nubes{}
        if(queObjeto.getClass().getName().equals(Nubes.class.getName()))
{

        }
        //Pregunta si el objeto datosJuego es del tipo Fondo{}
        if(queObjeto.getClass().getName().equals(Fondo.class.getName()))
{


        }
    }
    //Este método es llamado desde la vista con la información del ratón
    public void MouseClicked(java.awt.event.MouseEvent evt) {
        boton = evt.getButton();
        clicks = evt.getClickCount();
        if(boton == 1) {
            personaje.saltar(clicks);
        }
    }
    //Este método es llamado desde la vista con la información del
teclado
    public void KeyPressed(java.awt.event.KeyEvent evt) {
        if(evt.getKeyCode() == evt.VK_SPACE) {
          personaje.saltar(2);
        }
    }
}
```

Código-fonte para classes que implementam o provedor de comportamento especializado

```java
package patron;

import java.awt.Color;
import java.awt.Graphics2D;
import java.awt.Image;
import java.awt.Rectangle;

interface ComportamientoJuego {

    //Estos métodos serán implementados por la superclase

    void setX(int x);
    int getX();
    void setY(int y);
    int getY();
    void setAltura(int altura);
    int getAltura();
```

```java
    void setAncho(int ancho);
    int getAncho();
    void setFps(int fps);
    int getFps();
    Rectangle getRectangulo(int reducir);
    Rectangle getRectangulo() ;

    //Estos métodos serán implementados por las subclases que lo
necesiten
    //Estos métodos son opcionales, serán implementados por las clases
que lo necesiten
    public void saltar(int clicks); //la superclase renuncia a este
comportamiento
    public void colision();
//    public void setVidas(int vidas); //la superclase renuncia a este
comportamiento
//    public int getVidas(); //la superclase renuncia a este
comportamiento
//    void setColisiones(int colisiones); //la superclase renuncia a este
comportamiento
//    int getColisiones(); //la superclase renuncia a este comportamiento
    void pintarPolimorfismo(Graphics2D g2DMiLienzo); //la superclase
renuncia a este comportamiento
    public int finJuego(Graphics2D g2DMiLienzo);//la superclase renuncia
a este comportamiento
}


package patron;

import java.awt.Color;
import java.awt.Graphics2D;
import java.awt.Image;
import java.awt.Rectangle;

class DatosJuego extends Thread implements ComportamientoJuego {
    private int x=0, y=0, altura=0, ancho=0, fps=0;
    private Rectangle rectangulo = null;
    private String miNombre = null;
    private String nombreSubclase = null;
    DatosJuego() {
        super(); //Ejecuta el constructor de la clase Thread{}
        //Cuidado! El nombre de la instancia será el nombre del
constructor de la subclase al momento de crear un objeto usando una
referencia creada con la superclase DatosJuego{}.
        //Las instancias de objetos tienen el nombre del método
constructor que las crea.
        miNombre = this.getClass().getName(); //Tomará el nombre del
constructor de la subclase
    }
    @Override
    public void run() {
        // TODO Implement this method
        super.run();
    }
```

```java
    @Override
    public void setX(int x) {
        this.x = x;
    }
    @Override
    public int getX() {
        return x;
    }
    @Override
    public void setY(int y) {
        this.y = y;
    }
    @Override
    public int getY() {
        return y;
    }
    @Override
    public void setAltura(int altura) {
        this.altura = altura;
    }
    @Override
    public int getAltura() {
        return altura;
    }
    @Override
    public void setAncho(int ancho) {
        this.ancho = ancho;
    }
    @Override
    public int getAncho() {
        return ancho;
    }
    @Override
    public void setFps(int fps) {
        this.fps = fps;
    }
    @Override
    public int getFps() {
        return fps;
    }
    @Override
    public Rectangle getRectangulo(int reducir) {
        // TODO Implement this method
        rectangulo = new Rectangle(x + reducir, y + reducir, ancho -
reducir, altura - reducir);
        return rectangulo;
    }
    @Override
    public Rectangle getRectangulo() {
        // TODO Implement this method
        rectangulo = new Rectangle(x, y, ancho, altura);
        return rectangulo;
    }
```

```java
    //La superclase renuncia a implementar estos métodos
    //Estos métodos serán implementados por las subclases
/*
    @Override
    public int getColisiones() {
        // TODO Implement this method
        return 0; //yo renuncio, se tiene que hacer cargo del
comportamiento la subclase
    }

    @Override
    public void setColisiones(int colisiones) {
        // TODO Implement this method
        //yo renuncio, se tiene que hacer cargo del comportamiento la
subclase
    }

    @Override
    public int getVidas() {
        // TODO Implement this method
        return 0; //yo renuncio, se tiene que hacer cargo del
comportamiento la subclase
    }

    @Override
    public void saltar(int clicks) {
        // TODO Implement this method
        //yo renuncio, se tiene que hacer cargo del comportamiento la
subclase
    }

    @Override
    public void setVidas(int vidas) {
        // TODO Implement this method
        //yo renuncio, se tiene que hacer cargo del comportamiento la
subclase
    }
*/
    @Override
    public void colision() {
        // TODO Implement this method
        //yo renuncio, se tiene que hacer cargo del comportamiento la
subclase
    }
    //Este método puede ser ejecutado por cada subclase, para que exista
polimorfismo hay que
    //  garantizar mensajes únicos para cada subclase, en este caso la
superclase obliga
    //  a las subclases a sobrescribir el método
pintarPolimorfismo(Graphics2D g2DMiLienzo).
    //Cada subclase implementará un algoritmo diferente para pintar en un
único lienzo.
    //Las instancias creadas usan los algoritmos de las subclases, pero
si el programador quiere puede
```

```java
        //  migrar el algoritmo especializado desde la subclase a la
superclase.
    @Override
    public void pintarPolimorfismo(Graphics2D g2DMiLienzo) {
        // TODO Implement this method
        //yo renuncio, se tiene que hacer cargo del comportamiento la
subclase
        //Un programador puede escribir código para cada subclase si lo
desea
        nombreSubclase = Fondo.class.getName();
        if(miNombre.equals(nombreSubclase)){
          //programar para la clase Fondo{}

        }
        nombreSubclase = Nubes.class.getName();
        if(miNombre.equals(nombreSubclase)){
          //programar para la clase Nubes{}

        }
        nombreSubclase = Personaje.class.getName();
        if(miNombre.equals(nombreSubclase)){
          //programar para la clase Personaje{}

        }
        nombreSubclase = Pilares.class.getName();
        if(miNombre.equals(nombreSubclase)){
          //programar para la clase Pilares{}

        }
    }

    @Override
    public int finJuego(Graphics2D g2DMiLienzo) {
        // TODO Implement this method
        return 0; //yo renuncio, se tiene que hacer cargo del
comportamiento la subclase
    }

    @Override
    public void saltar(int clicks) {
        // TODO Implement this method
        //yo renuncio, se tiene que hacer cargo del comportamiento la
subclase
    }
}

package patron;

import java.awt.Graphics2D;
import java.awt.Image;

import javax.swing.ImageIcon;

class Fondo extends DatosJuego {
```

```java
    private ImageIcon imgFondo = new
ImageIcon(getClass().getResource("/recursos/fondo.png"));
    Fondo() {
        super();
        setFps(1000 / 1);
    }

    @Override
    public void run() {
        // TODO Implement this method
        super.run();
        do {
            try {
                //Implementar todo el código necesario para animar el
fondo
                Thread.sleep(getFps());
            } catch (InterruptedException e) {
            }
        }while(true);
    }

    Image getImgFondo() {
        return imgFondo.getImage();
    }


    @Override
    public void pintarPolimorfismo(Graphics2D g2DMiLienzo) {
        // TODO Implement this method
        //super.pintarPolimorfismo(g2DMiLienzo); //la superclase ha
renunciado
        g2DMiLienzo.drawImage(getImgFondo(), 0, 0, 400, 400, null);
    }
}

package patron;

import java.awt.Graphics2D;
import java.awt.Image;

import java.awt.Rectangle;

import java.util.Random;

import javax.swing.ImageIcon;

class Nubes extends DatosJuego {
    private int n = 0;
    private ImageIcon nube = null;
    private Image nubeImage = null;
    private Random aleatorio = new Random();

    Nubes(int n) {
        super();
```

```java
        this.n = n;
        super.setFps(1000 / 30);
        super.setAncho(260/2);
        super.setAltura(175/2);
        super.setX(400);
        super.setY(aleatorio.nextInt(250) + 50);
        if(n==1) {
          nube = new
ImageIcon(getClass().getResource("/recursos/nubeBuena.png"));
        }else{
          nube = new
ImageIcon(getClass().getResource("/recursos/nubeMala.png"));
        }
        nubeImage = nube.getImage();
    }

    @Override
    public void run() {
        // TODO Implement this method
        super.run();
        do {
            setX(getX() - 2);
            if(getX() < -150){
                setX(450);
                setY((aleatorio.nextInt(250)+50));
            }
            try {
                Thread.sleep(getFps());
            } catch (InterruptedException e) {
            }
        }while(true);
    }

    @Override
    public int getAltura() {
        // TODO Implement this method
        return super.getAltura();
    }

    @Override
    public int getAncho() {
        // TODO Implement this method
        return super.getAncho();
    }

    @Override
    public int getFps() {
        // TODO Implement this method
        return super.getFps();
    }

    @Override
    public int getX() {
        // TODO Implement this method
```

```java
        return super.getX();
    }

    @Override
    public int getY() {
        // TODO Implement this method
        return super.getY();
    }

    @Override
    public void setAltura(int altura) {
        // TODO Implement this method
        super.setAltura(altura);
    }

    @Override
    public void setAncho(int ancho) {
        // TODO Implement this method
        super.setAncho(ancho);
    }

    @Override
    public void setX(int x) {
        // TODO Implement this method
        super.setX(x);
    }

    @Override
    public void setY(int y) {
        // TODO Implement this method
        super.setY(y);
    }

    @Override
    public void setFps(int fps) {
        // TODO Implement this method
        super.setFps(fps);
    }

    @Override
    public Rectangle getRectangulo() {
        // TODO Implement this method
        return super.getRectangulo(30);
    }

    @Override
    public void pintarPolimorfismo(Graphics2D g2DMiLienzo) {
        // TODO Implement this method
        //super.pintarPolimorfismo(g2DMiLienzo); //la superclase ha
renunciado
        g2DMiLienzo.drawImage(nubeImage, getX(), getY(), getAncho(),
getAltura(), null);
    }
}
```

```java
package patron;

import java.awt.Color;
import java.awt.Graphics2D;
import java.awt.Rectangle;

class Personaje extends DatosJuego {
    private int  z = 4, salto = 4; int tope = 50;
    private int vidas = 10;
    Personaje() {
        super();
        setFps(1000 / 25);
        setX(50);
        setY(50);
        setAltura(25);
        setAncho(25);
    }

    @Override
    public void run() {
        // TODO Implement this method
        super.run();
        do {
            try {
                if(getY()<tope){
                    tope=50;
                    z=salto;
                    setY(getY()+salto);
                }
                if(getY()<=50) {
                    setY(55);
                    z=salto;
                }
                if(getY()>300){
                    z=0;//z=-salto;
                    setY(getY()-2);
                }
                setY(getY()+z);
                Thread.sleep(getFps());
            } catch (InterruptedException e) {
            }
        }while(true);
    }

    @Override
    public int getY() {
        // TODO Implement this method
        return super.getY();
    }

    @Override
    public void saltar(int clicks) {
```

```
        if(clicks <= 0)tope = getY() - 20; //error en la cantidad de
click
        if(clicks == 1)tope = getY() - 20;
        if(clicks >= 2)tope = getY() - 30;
        z=salto * (-1);
    }

    @Override
    public int getAltura() {
        // TODO Implement this method
        return super.getAltura();
    }

    @Override
    public int getAncho() {
        // TODO Implement this method
        return super.getAncho();
    }

    @Override
    public int getX() {
        // TODO Implement this method
        return super.getX();
    }

    @Override
    public Rectangle getRectangulo() {
        // TODO Implement this method
        return super.getRectangulo(5);
    }

    @Override
    public void pintarPolimorfismo(Graphics2D g2DMiLienzo) {
        // TODO Implement this method
        //super.pintarPolimorfismo(g2DMiLienzo); //la superclase ha
renunciado
        //Pintar personaje
        g2DMiLienzo.setColor(new Color(Color.orange.getRGB()));
        g2DMiLienzo.fillOval(45, getY(), getAltura(), getAncho());
        g2DMiLienzo.setColor(new Color(Color.white.getRGB()));
        g2DMiLienzo.drawOval(45, getY(), getAltura(), getAncho());
        g2DMiLienzo.setColor(new Color(Color.blue.getRGB()));
        g2DMiLienzo.fillOval(60, getY()+3, 10, 10);
        g2DMiLienzo.setColor(new Color(Color.white.getRGB()));
        g2DMiLienzo.fillOval(65, getY()+6, 4, 4);
        //Pintar puntuación
        g2DMiLienzo.setColor(new Color(Color.white.getRGB()));
        g2DMiLienzo.drawString("  Vidas = " + vidas, 11, 26);
        g2DMiLienzo.setColor(new Color(Color.black.getRGB()));
        g2DMiLienzo.drawString("  Vidas = " + vidas, 10, 25);
    }
    public int finJuego(Graphics2D g2DMiLienzo) {
        if(vidas==0){
            vidas=10;
```

```java
            g2DMiLienzo.setColor(new Color(Color.red.getRGB()));
            g2DMiLienzo.drawString("(:|} !Juego terminado!" , 50, 175);
            return 5000;
        }
        return 0;
    }

    @Override
    public void colision() {
        // TODO Implement this method
        //super.colision(); //la superclase ha renunciado
        vidas--;
    }
}

package patron;

import java.awt.Color;
import java.awt.Graphics2D;
import java.awt.Rectangle;

import java.util.Random;

class Pilares extends DatosJuego {
    private int n = 0;
    private Color color = null;
    private Random aleatorio = new Random();

    Pilares(int n) {
        super();
        this.n=n;
        setFps(1000 / (aleatorio.nextInt(30) + 30));
        setAncho(aleatorio.nextInt(25)+25);
        setAltura(aleatorio.nextInt(75)+100);
        setX(aleatorio.nextInt(400)+400);
        setY(aleatorio.nextInt(2) * (400-getAltura()));
        color = new
Color(aleatorio.nextInt(255),aleatorio.nextInt(255),aleatorio.nextInt(255
));
    }

    @Override
    public void run() {
        // TODO Implement this method
        super.run();
        do {
            try {
                setX(getX()-2);
                if(getX()<-50) {
                    setX(450);
                    setAltura(aleatorio.nextInt(75)+100);
                    setY(aleatorio.nextInt(2) * (400-getAltura()));
                    setX(aleatorio.nextInt(400)+400);
                }
```

```java
                Thread.sleep(getFps());
            } catch (InterruptedException e) {
            }
        }while(true);
    }


    @Override
    public int getY() {
        // TODO Implement this method
        return super.getY();
    }

    @Override
    public int getX() {
        // TODO Implement this method
        return super.getX();
    }

    @Override
    public int getAltura() {
        // TODO Implement this method
        return super.getAltura();
    }

    @Override
    public void setX(int x) {
        // TODO Implement this method
        super.setX(x);
    }

    @Override
    public int getAncho() {
        // TODO Implement this method
        return super.getAncho();
    }
    @Override
    public Rectangle getRectangulo() {
        // TODO Implement this method
        return super.getRectangulo(5);
    }


    @Override
    public void pintarPolimorfismo(Graphics2D g2DMiLienzo) {
        // TODO Implement this method
        //super.pintarPolimorfismo(g2DMiLienzo); //la superclase ha
renunciado
        g2DMiLienzo.setColor(color);
        g2DMiLienzo.fill3DRect(getX(), getY(), getAncho(), getAltura(),
true);
    }
}
```

Palavras de despedida

As estruturas formadas pelas classes que são relacionadas por herança, são uma estrutura muito simples e básica. Essa estrutura é um padrão de design para resolver problemas no desenvolvimento de produtos de software.

Existem muitos outros padrões de projeto que podem ser usados para resolver problemas, os seguintes padrões de projeto são os mais estudados e mencionados na literatura especializada.

Creational patterns	Structural patterns	Behavior patterns
Object Pool	Adapter o Wrapper	Chain of Responsibility
Abstract Factory	Bridge	Command
Builder	Composite	Interpreter
Factory Method	Decorator	Iterator
Prototype	Facade	Mediator
Singleton	Flyweight	Memento
Model View Controller	Proxy	Observer
	Module	State
		Strategy
		Template Method
		Visitor

Muitos dos padrões de design mencionados acima usam o relacionamento de herança para construir as estruturas que os definem. Esses padrões de projeto merecem um estudo detalhado das possibilidades que eles têm na geração de algoritmos polimórficos.